U0884312

砥砺前行

海淀区委统战部◎主编

中国农业科学技术出版社

图书在版编目（CIP）数据

砥砺前行 / 海淀区委统战部主编 . — 北京：中国农业科学技术出版社，2020.12
ISBN 978-7-5116-5104-4

Ⅰ . ①砥… Ⅱ . ①海… Ⅲ . ①人物—先进事迹—海淀区—现代 Ⅳ . ① K820.813

中国版本图书馆 CIP 数据核字（2020）第 247458 号

责任编辑　穆玉红
责任校对　马广洋

出 版 者　中国农业科学技术出版社
　　　　　北京市中关村南大街 12 号　邮编：100081
电　　话　（010）82109707　82106626（编辑室）（010）82109702（发行部）
　　　　　（010）82109709（读者服务部）
传　　真　（010）82106626
网　　址　http://www.castp.cn
发　　行　各地新华书店
印 刷 者　北京富泰印刷有限责任公司
开　　本　710 mm × 1 000 mm　1 /16
印　　张　8.75
字　　数　180 千字
版　　次　2020 年 12 月第 1 版　2020 年 12 月第 1 次印刷
定　　价　68.00 元

编 委 会

主　　编：任武军

副 主 编：石钟山

编　　委：刘　珍　马龙虎　叶宏奇　王　威　梁利萍

写在前面

石钟山

公元二零二零年年初，注定要被写进历史的史册，一场疫情让中国的时空停摆，武汉封城，九州闭户，一切都定格在一瞬间。

也是在一夜之间，全国医务工作者支援武汉，他们从四面八方奔赴武汉，与病毒短兵相接，生死肉搏。一场场一幕幕感人的瞬间和画面在上演。全中国，不，全世界的目光都投向了武汉。

此时，一支又一支医疗科研团队也并没有旁观，研究毒株和疫苗工作同时展开，他们在和时间赛跑也在和生命争抢时间。

多少个日日夜夜，我们的医疗科研团队，一边奔走在与病毒抗争的最前沿阵地，一边又在实验室争分夺秒，用科学的依据寻找着病毒的蛛丝马迹。

钟南山、张伯礼、张定宇、陈薇这些耳熟能详的名字，还有成千上万名默默无闻的抗疫英雄。在传统春节期间，他们接受到了命令，然后义无反顾，他们又是怎样的一种抉择。他们是父亲母亲，也是儿子女儿，甚至是家里的顶梁柱，在命令到来的一瞬间，他们甚至没有抉择的时间和机会，出征是他们唯一的选择。

奋战在一线的各级政府工作人员、志愿者、居家隔离的人民，他们都是战士，英雄。这本文集里，描写的不是冲在最前面的医生护士，也不是医疗科研团队，他们是冲在一线医护人员的坚强后盾。他们组织企业，捐款、捐物，复工复产，生产医疗器械，为抗疫的信息能够有效准确地传达，他们搭建信息平台。面对突如其来的疫情，身在后方的爱心人士和企业家们，不论民营还是国营的企业，他们分秒必争，不亚于短兵相接的勇士一样；他们连续奋战，把医疗物资源源不断地送到了前线，更把爱心信心支援到了前方。这是一场不分前方后方的战疫，虽然他们都在幕后，但对这场战疫的胜利，他们是无名英雄，也是我们所有后方为抗疫奔波劳碌的普通又闪光的工作者。

人民会记住二零二零年这个初春，历史更不会忘记。

是为序。

2020年秋

目　录

content

1. 人间芳菲尽向暖

——记海淀区工商联副主席、北京科兴中维生物技术有限公司董事长尹卫东

文/尹小华

题记：始于上年岁尾、起于庚子年初的新冠肺炎，使得2020年从一开始就极不平凡。

面对突如其来的新冠肺炎疫情，全国上下团结一心，打响了一场罕见的抗击疫情战斗。广大医务工作者不顾个人安危逆行出征，各行各业众志成城，守望相助，克服重重困难，付出艰辛努力。在这场没有硝烟的战斗中，涌现出众多可歌可泣的英雄模范人物，产生了许多感天动地的故事，他们的事迹值得书写，他们的精神应当发扬光大。尹卫东，就是这支队伍中的一员。

始于上年岁尾、起于庚子年初的新冠肺炎，使得2020年从一开始就极不平凡。

面对突如其来的新冠肺炎疫情，全国上下团结一心，打响了一场罕见的抗击疫情战斗。广大医务工作者不顾个人安危逆行出征，各行各业众志成城，守望相助，克服重重困难，付出艰辛努力。在这场没有硝烟的战斗中，涌现出众多可歌可泣的英雄模范人物，产生了许多感天动地的故事，他们的事迹值得书写，他们的精神应当发扬光大。尹卫东，就是这支队伍中的一员。

尹卫东近照

尹卫东，1964年生，新加坡国立大学EMBA硕士，生物医药高级工程师。1992年创办唐山怡安生物工程有限公司，2001年创办北京科兴生物制品有限公司，2003年组建科兴控股生物技术有限公司，并在美国上市。现任科兴控股

激情演讲

生物技术有限公司董事长、总裁兼CEO，海淀区第十六届人大常委会委员。

尹卫东经营的科兴公司，是一家总部位于北京的生物高新技术企业，公司通过全资子公司科兴控股（香港）有限公司，拥有北京科兴生物制品有限公司、科兴（大连）疫苗技术有限公司、北京科兴中维生物技术有限公司和北京科兴中益生物医药有限公司四家企业，并在北京海淀、昌平、大兴及辽宁大连拥有四个产业基地。

尹卫东是国内最早分离出甲肝病毒者之一，1999年在国内率先研发出甲肝灭活疫苗。2003年，担任国家重大项目“SARS灭活疫苗的研制”课题负责人，在全球率先完成SARS灭活疫苗I期临床试验。2005年担任国家科技攻关项目“人用禽流感疫苗研制”课题负责人，该疫苗于2008年获准生产，使我国大流行流感疫苗研究与国际同步。2009年在全球率先完成甲型H1N1流感疫苗临床研究并获准生产，人民日报将其列入改革开放40年·40个“第一”项目。

2015年12月，尹卫东带领公司研制出全球首创的预防用生物制品1类新药——肠道病毒71型灭活疫苗（EV71疫苗）。EV71疫苗的研制成功并实现产业化，极大地缓解了我国手足口病的疫情，成为我国继2009年甲型H1N1流感疫苗之后，又一支在全球率先上市、应对重大新发传染病的疫苗产品。

尹卫东还担任海外高层次人才引进计划（“千人计划”）评审专家、国家“重大新药创制”科技重大专项评审专家、北京市自然科学基金委员会委员。曾荣获国家进步二等奖、河北省科技进步二等奖、北京市科技进步二等奖。2009年CCTV中国经济年度人物创新奖、北京市优秀青年企业家金奖、第三届北京市优秀中国特色社会主义事业建设者、首都五一劳动奖章、中关村创新发展40年杰出贡献奖等荣誉称号。

在尹卫东身上有一种“不到黄河心不死”的韧劲。

多年前就曾有记者采访过尹卫东，发现他的成功之所在：追求+毅力。用他自己的话说，只要下决心干，就一定干到底。

向病毒宣战

2020年的春天，山川草木、江河湖泊，一切被压抑在这场弥漫世界的疫情里。天地寂静无声，连风也似踮起脚尖行走，不敢大声呼吸。而这个寂静的春天里，却在上演一场没有硝烟的战争。

科兴作为一家专业从事人用疫苗产品及相关产品研发、生产和销售的高新技术企业，其目标就是要让中国人使用国际水平的疫苗，让世人使用中国生产的疫苗。科兴不断增强自主创新能力，通过自己的科学研究提高产品生产能力和产品品质，并持续研发新的疫苗产品，然后通过产品的推广与服务，将优质的产品和健康的理念传递到千家万户，让每位珍爱健康的人都能拥有免疫接种的呵护，以满足市场的、国家的、世界的新需求。

尹卫东23岁时，就有科研成果问世。1984年，发现“以人胚肺二倍体细胞分离一株甲型肝炎病毒”；1985年，尹卫东用免疫电镜从人体细胞分离一株甲型肝炎病毒的试验成功。这株病毒被权威人士公认具有抗原产量高、病毒繁殖周期短等优点，达到了国际国内先进水平，河北省科委、省卫生厅分别将这项成果评为科技进步二等奖和甲级成果。1987年又完成了“甲型肝炎酶联免疫诊断试剂”，为我国在甲型肝炎诊断方面开拓了一条路。1999 年12 月，中国第一支甲肝灭活疫苗也终于问世，甲肝灭活疫苗通过了科研成果鉴定并获得新药证书，填补了国内空白。2002 年7月，甲肝灭活疫苗成功上市，使中国的甲肝灭活疫苗全部依赖进口的局面成为历史。2009年，研制出人用禽流感疫苗临床研究志愿者的血浆。

查验产品

2004 年1月13日，WHO 宣布在越南河内死亡的两名儿童和一名成年人均感染了H5N1 型禽流感。他们和另外11名越南人此前都被确认感染了某种严重呼吸道疾病，其中12人已死亡。与此同时，亚洲的日本、韩国、泰国等地的养鸡场也暴发了禽流感。

出于职业的敏感性，尹卫东立即意识到了危险的逼近，因为这种病毒本来只能在禽间传染，变异后已经从禽类传染到人，如果病毒的变异最终发展到能够在人间传染的话，那将是一场不亚于 1918 年世界流感大流行的惨剧。

2004 年 12 月 5 日，一个温暖的冬日。国家“863”项目“SARS 灭活疫苗”I期临床研究结果揭盲。在成功的背后，凝聚了全体研究人员的无数心血。尹卫东在揭盲会上提及研究的艰辛并向课题组每一位科研人员致谢时，不由得哽咽，内心的激动和感慨难以言表。谁也无法想象，在 SARS 肆虐的时刻，有一群研究人员正紧张地在试验室埋头苦干，无论心理上还是生理上都承受着巨大压力。

2008 年 4 月 2 日，在成功完成 II 期临床研究后，国家食品药品监督管理局对外宣布，我国第一支大流行流感疫苗——盼尔来福（Panflu）的注册申请已获审批通过，并颁发药品批准文号，批准疫苗生产。至此，我国成为目前全球少数几个掌握大流行流感疫苗制备技术的国家。

2017 年年底，甲型肝炎灭活疫苗孩尔来福通过 WHO 预认证，是国内首个通过预认证的甲肝疫苗。

从研制我国第一支甲肝灭活疫苗，第一支甲乙肝联合疫苗，全球第一支 SARS 灭活疫苗到与全球同步的大流行流感疫苗，科兴作为始终战斗在防疫第一线的疫苗企业，不仅在国内名声鹊起，更是令全球瞩目。

历史总是有惊人的相似，却又不会给你完全重复的经历。

2020 年 1 月 28 日，随着武汉疫情加重，科兴控股决定启动“克冠行动”，这家专业从事疫苗研制 20 年的公司，正式向新冠病毒宣战。在科兴战疫的历史进程中，这并非首次，也不会是最后一次。

品质是品牌的生命，需求是品牌建设的原动力，能够促进创新的多样化发展。

在决定正式启动疫苗研制后，尹卫东经历了无数个不眠之夜。虽然决策层在开会时有不同声音，但一旦确定要做，所有人员只会齐心协力，为共同的目标而战。这一点，尹卫东并不担心。

让他顾虑的是，科兴以往的经历会不会历史性重演？ 17 年前 SARS 疫苗“无疾而终”，对科兴经营造成几千万元的损失。如今同样是冠状病毒的 COVID-19，又将会给科兴带来怎样的命运？

决策前后，尹卫东连续多日辗转反侧，经常深夜起床，在他的办公室里来回踱步，踱步是尹卫东深入思考的一种特有方式。

他回想起甲肝车间设计图纸确定的前夜，那年甲肝灭活疫苗车间设计方案，被意大利公司全盘推翻，所有项目建设预算扩大。当时只有资本金的科兴，如果采取激进方案，一招儿不慎就会引发公司的财务危机！那天，尹卫东一夜无眠，他迫切希望有一天国产疫苗能够走向世界，与美国疫苗一决高下。

天亮时，尹卫东终于下定决心：无论代价多大，也要让中国第一支甲肝灭活疫苗走国际化道路。

再踏克冠征程

国家有难，没有谁能袖手旁观。

“一时间，全国震动，世界注目，整个中国，发生了一系列奇异的变化，我身在北方，远远望着武汉，感受着飓风一波波震荡……”尹卫东如是说。此后，便记下了他的思考与担当。

作为科兴最高决策者，尹卫东的思维是跳跃性的，在思维的底层，既有对战略把握的前瞻性，又有着横向链接整合的一面。他会同时考虑多件事，并将这些事一一联系、协同，以促成事半功倍的效果。科兴克冠行动，尹卫东将此发挥极致。

2019年12月中下旬，当时武汉疫情初现，尹卫东就敏锐意识到这次冠状病毒来势汹汹，那么是不是SARS卷土重来呢？在他指示下，科兴迅速在内部成立工作小组，一方面收集前沿信息，另一方面梳理17年前科兴主导的SARS科研资料。

2020年1月3日，科兴接到中国疾控中心发来的一纸协调函，请求提供SARS相关抗原及材料，以进行比对。后来证实，COVID-19是新型冠状病毒。因为提早考虑布局，科兴走在了前面。同样的事情，在2009年甲流H1N1时期也有相同一幕。

2009年4月底，科兴即启动甲流H1N1疫苗研制，几天后，世卫组织才宣布将疫情警告级别提高到5级，而到了5月11日，四川省确诊中国内地首例甲型H1N1流感病例。

也正是那次，科兴一战成名，87天时间！科兴H1N1流感疫苗成为全球首支获批疫苗。

疫情就是命令，时间就是生命。争分夺秒，逐渐成了科兴人骨子里的工作作风。

当年非典、禽流感时期延续下来的社会责任，让尹卫东和科兴再次踏上克冠征程，只是这次，他们面临着更为复杂和艰难的国际国内环境。

什么是战时状态？尹卫东在公司内部会上有过这样的诠释：7×24小时，分秒必争，这是与生命赛跑，与病毒博弈，此消彼长，我们快了，病毒就会慢。

得益于5组方案的并行研发，科兴新冠病毒疫苗“克尔来福”走在国内外前列。而与此同时，科兴依托新冠疫苗产业化，在北京市大力支持下，解决了多年来生产瓶颈问题，在大兴生物医药基地有了更高规格的车间厂房。以此为契机，新基地也将成为科兴未来发展的大兴之地。

从2020年1月28日“克冠行动”开始，经过连续日夜熬战，三月份，拿到毒株；四月份，进入临床；六月份，紧急注射……

身为一家非国企疫苗公司的领导者，尹卫东经常笑称科兴控股是“国需企”，只要是国家所需，科兴就会义不容辞。从非典时期主动请缨救国救民于水火，到新冠病毒和国家队一起为中国的新冠疫苗进程征战，在疫情面前，尹卫东就像旗手，一直走在对抗疫病的前列。

一位曾到访科兴的前国家领导人这样对尹卫东说：“在疫情到来时，让社会安定，你们这里是让大家吃安心丸的地方。”

从1984年分解TZ84毒株，到2002年甲肝灭活疫苗上市，消灭甲肝就成了尹卫东的初心。

而后，科兴多款疫苗重磅上市，并取名来福系列，有着佑护生命之意。提高接种率，降低发病率，成为尹卫东一直坚守的信念。尹卫东经常向员工强调：“知行合一。你的初心，就是指引你行动的方向，很多人讲谋定而后动，其实只要我们清楚自己的初心，在做任何选择时都是笃定的。”

历史进程中沉淀出的，是从上到下、一以贯之的信念。这也是科兴人的信念。

博爱洒人间

“抗击疫情，已不单单是责任了”，在一次内部会上，尹卫东说，“我已经过了50岁，50而知天命。做疫苗让更多人不得病、少得病，就是我的天命。”

早在2007年8月3日，尹卫东在“疾病控制、疫苗与城市安全”研讨会上，就宣布出资100 万元人民币在中国疾病预防控制中心设立一个专项基金，用于甲型肝炎疾病防治研究和甲肝疫苗效果评价，以推动解决我国在甲肝防控领域的一些重要问题，特别是对甲肝疫苗进行科学、客观、系统的评价。

2008年5月12日的汶川大地震发生后，为确保大灾之后无大疫，科兴通过卫生部迅速向灾区捐赠人民币60余万元，用于灾区人员救治和疫情防控，并先后向四川、陕西和甘肃灾区捐赠价值640余万元的甲肝灭活疫苗，用于灾区的群体性应急接种。之后卫生部又紧急调拨疫苗发往灾区。在短短十来天的时间里，科兴向灾区共发送了超过100万支的甲肝灭活疫苗和甲乙肝联合疫苗，同时印制了数十万份接种须知及数万册地震灾区应急接种指导手册。所有疫苗和相关物资，全部由科兴通过空运运送至灾区指定地点。为了保证及时运送，部分疫苗还不得不先空运至重庆，再用冷藏车从陆路运至成都。这批疫苗仅运输成本就超过了 100 万元。公司同时还在成都紧急成立抗震救灾前线指挥部，派出近 20 名志愿者赶赴灾区开展接种技术培训等工作。震后统计结果表明，灾区甲肝发病率比平时还要低。科兴的疫苗成为科技赈灾的一支重要力量，使地震灾区大灾之后无甲肝成为可能。

主题报告

为了尽快恢复地震灾区实验室检测工作，为灾后防疫工作提供重要支撑，尹卫东在中国疾病预防控制中心的授权下，协助中国疾病预防控制中心，组织重建“公共卫生应急检测试验室”设备捐赠活动，共募集价值约 249 万元的实验室仪器设备及耗材，捐赠给了四川 26 个受灾县（市）疾控中心。

这次新冠病毒来势凶猛，波及面广，为与病毒赛跑，降低把鸡蛋放到一个篮子的风险，科兴控股派出多达 5 组研究人员，按“战时状态”分赴浙江、北京 5 个 P3 实验室，并联推进以灭活疫苗技术路线为主的疫苗研制工作。2020 年 8 月 28 日，新华社记者载文：北京科兴中维生物技术有限公司董事长尹卫东介绍，该企业研发的一款新冠病毒灭活疫苗正在南美、东南亚几个国家稳步进行 III 期临床试验。

如今，科兴成为一杆旗。这里聚集了一大批高素质的疫苗研发人才和管理人才，组建了一支优秀的销售团队，采用先进技术不断开发新型疫苗，并对传统疫苗进行技术改造，极大地增强了中国人的民族自信心。

为人类消除疾病、提供疫苗，是科兴人的使命。全体科兴人对这句话耳熟能详，这也是科兴人事业心的基础。“国家是我们强大的后盾，病毒是全球共同的敌人，通过科兴与业内同仁的不懈努力，一定能够最终战胜病毒。”尹卫东对此充满憧憬，更充满信心！

深信，随着社会的快速发展以及民众对健康需求的扩大，为科兴实现梦想，提供了更为广阔的舞台。他们将在这个舞台上谱写新的篇章，演绎新的传奇。

让健康之花开遍人间！

2. 科技筑牢生命线

——东华医为助力抗击疫情纪实

文/仇秀莉

题记：自年初疫情发生以来，大数据排查、快速分离病毒毒株、部分疫苗品种进入动物试验阶段等方面，科技抗疫发挥了重大作用，让疫情防控工作取得阶段性显著成效。东华软件股份公司旗下的东华医为公司就是众多科技抗疫中的一个缩影，他们在第一时间，从公司中选派一批精兵强将，火速赶赴武汉集结，在疫情最严重的地方展开工作，出色完成任务，得到社会各界对东华医为产品服务及技术实力的高度认可，彰显了他们在国内医信行业的领先地位。

金秋时节，硕果飘香。中华医院信息网络大会（CHINC）在南京国际展览中心隆重开幕，东华医为作为本次参会嘉宾，旗下火神山“云HIS系统”荣获大会“全国医疗信息化防疫抗疫优秀案例”一等奖。一经宣布，整个会场沸腾了，立刻引起社会各界的极大关注，人们的目光聚集在深耕医疗健康信息化领域20余年的东华医为公司。此次奖项的获得，充分体现了业界对东华医为产品服务及技术实力的高度认可，彰显了东华医为在国内医信行业的领先地位。

人们不会忘记，在疫情最严重的时刻，东华医为的勇士们第一时间勇敢冲进武汉疫区，确保了火神山和雷神山医院如期快速高效运转，为救治新冠肺炎患者赢得了宝贵的时间。疫情之下，成功交付“两山”医院IT系统的东华医为，在众多医疗软件开发公司中声名鹊起。

东华医为公司董事长韩士斌接受笔者采访时，他感慨地说：“疫情期间，我们的员工如同拼命三郎，铆足了干劲，这项荣誉凝聚了全体员工的心血啊。”从他深情的讲述中，一幕幕感人至深的情景，仿佛就发生在昨天，强烈震撼着人们的心。

一

“武汉封城”“口罩断货”“医院告急”“快速建成接诊医院”……庚子年伊始，新型冠状病毒短时间内在武汉暴发，并向全国各地快速蔓延。医护人员感染，新冠肺炎患者的数字不断上升，一个个坏消息从武汉传出，全中国、全世界的目光立刻聚集在九省通衢的武汉市。

武汉市新冠疫情防控指挥部分别在1月23日和1月25日宣布：建立火神山、雷神山两所武汉“小汤山模式”医院，集中收治新型冠状病毒肺炎确诊患者。新建的医院急需上线全面、稳定、安全、便捷的信息管理系统，经专家多方论证，决定由东华软件旗下的东华医为公司承担此项目。

除夕夜，东华医为正式接到来自武汉的通知，将承建“火神山”医院信息系统，医院将于2月2日开诊，工期9天。东华医为董事长兼CEO韩士斌把这一情况迅速向东华软件股份公司董事长薛向东做了汇报，俩人几乎异口同声地说：“抗击疫情，我们决不缺席！”

时间紧迫，事不宜迟，薛向东立刻召集公司高层管理人员，采取线上调配方式，迅速部署任务。自此，东华医为正式开启了一段不平凡的“抗疫征程”。

韩士斌董事长（中）召集员工研究部署工作

除夕夜，是中国喜迎新春全家团圆的传统节日，时刻牵挂疫情的董事长韩士斌，当天晚上，向公司全体员工发出紧急驰援武汉的“动员令”，将选派一批精兵强将，火速赶赴武汉集结。在疫情最严重的地方展开工作，稍有不甚，极易感染，也意味着有生命危险，无疑，这是一项从未遇到的艰巨任务。

“我在公司有着10年的工作经验，一定派我去武汉！”

“我是共产党员，我要冲在最前面！”

“我还年轻，没成家，没负担，我坚决报名去武汉工作！”

……

一句句铮铮誓言，折射出东华医为的精神，一颗颗为国分忧赤诚的心激烈地跳动着。不到6个小时，报名人数由个位数，迅速攀升到300多人。

韩士斌董事长接受我的采访时，谈及东华医为能在几家备选的企业中脱颖而出的原因，他充满自信地说:“我们有着深耕医疗信息化行业21年丰富的经验，作为东华软件旗下的全资子公司，东华医为累计支撑约几十亿人次的诊疗服务，拥有国内最长最成熟的医疗行业产品线、在国内医疗行业中，东华医为产品可配置化能力最强、东华医为拥有国内唯一一套医疗全线B/S架构软件产品、在国内有云架构应用成功案例，东华医为是国内百强医院快速交付成功案例最多的企业。”

与时间赛跑就是与病魔较量！东华医为第一时间成立了由30多人组成的抗疫总指挥部，董事长韩士斌亲自挂帅，带领公司高级管理团队，紧急布置火神山IT系统的各项建设工作，同时，332人的线上实施突击队在数小时内组建完成。在总指挥部的规划下，按照项目内容及公司体系架构，迅速集结26个抗疫突击小组，线上突击队在总指挥部领导下分成后勤保障团队、需求团队、培训团队、操作手册编写团队、不同产品线开发团队等十几个专业团队。每个专业团队又由医为最有经验的主管直接带队，负责软件的安装、调试、本地化等相关工作。公司选派了71名技术骨干（其中有7人是东华医为项目工程总监），组成一支有着丰富项目实施上线经验的精干队伍，他们从各自的家乡第一时间奔赴武汉。

自从新冠肺炎疫情暴发后，全国各地陆续采取封城、封路的措施，尤其是武汉封城紧急令下达后，阻隔了病毒对外的进一步扩散，也阻断了回乡团聚人们的脚步，然而，却阻挡不住从全国各地“逆向”冲进武汉的东华医为员工。

“宁肯早一分赶到，绝不晚一秒迟到！”分散在湖北各地和临近省份的东华医为71名技术骨干，主动放弃与家人团聚，手持政府发放的协调函，通过各种交通工具，相继奔赴已经封城的武汉，这批“最美逆行者”克服重重困难，想尽一切办法，赶往正在日夜施工的火神山医院。

除夕夜，正在河南老家休假的技术骨干刘东，第一时间报名请战，担心因疫情封锁交通，他简单收拾行装，提前从家乡返回了北京的工作岗位。当时，几乎所有可以去往武汉的交通工具都已停运，经过公司领导开会讨论，决定将长沙作为中途集结点，乘坐公共交通的人员先到达长沙，之后统一安排前往武汉疫区。刘东坐在前往长沙的动车上，心急如焚，他不想为往返路程而白白耽误 6 个小时。上车后，他找到列车长讲明情况，并出示了公司开具的驰援火神山医院和雷神医院 IT 建设的证明材料，恳请经过武汉车站时，让他下车。动车组工作人员被刘东的真诚打动了，经研究决定：破例在武汉车站停车 1 分钟，安排刘东下车，全力支持抗疫勇士！

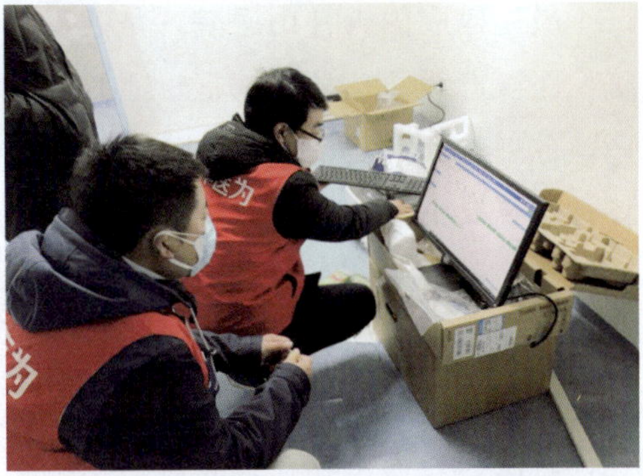

东华医为员工在火神山医院现场紧张调试设备中

东华医为工程部副总经理柳旭生和产品部副总经理王莉夫妻俩放弃休假，开私家车从宜昌迅速驶向武汉。柳旭生被任命为火神山、雷神山两个项目现场的总指挥，王莉负责给火神山医院全体军队医护人员培训。他们是一对平凡的小夫妻，但是在这个疫情严峻的生死时刻，他们也是一对英勇的战疫伉俪。

春节的脚步还没走远，武汉的空气却弥漫着紧张气息，交通几乎停滞，路上车辆行人稀少。恰好，身处武汉的东华医为工程师周波有车和通行证，接到任务后，他把困在武汉的同事们接到正在施工的火神山医院，迅速着手系统前期搭建环境工作。

大年初三上午 9 点，第一批东华医为突击队员到达还未竣工的火神山医院时，顿时惊呆了，现场非常简陋，连个能坐的板凳都没有，这与过去的工作环境有着天壤之别。

既来之，则安之，大家二话没说，立刻站在桌子旁，一遍遍调试网络，脚站得酸了，腿发麻了，换个姿势继续埋头苦干，那一刻，他们脑子里只有一个念头：必须与时间赛跑，在指定的时间内完成各项信息调试，按时让接收新冠肺炎患者的医院正常运转！

二

进入一月底后，纷纷扬扬的急雪夹杂着雨洒向武汉地面，寒风袭来，东华医为的勇士们不惧严寒，立刻展开工作。

最先建成的火神山医院，是武汉疫区一线承接新冠肺炎重症患者数量最多的医院，医院开设重症监护病区、重症病区、普通病区，同时设置感染控制、检验、特诊、放射诊断等功能科室。东华医为负责医院信息管理系统建设，这套系统如同人体神经重要中枢，既特殊又复杂。时间紧迫，火神山医院信息管理系统要在10天内完成，包括医嘱系统、语音辅助系统、电子病历系统、远程会诊等26个子系统及上千条大小业务流程。按照上级指示，火神山医院将由部队组成的医疗队接管，各医疗队医护人员因地域不同和所在医院规模和特点不同，因此，使用信息系统的方式、方法、习惯也存在差异，这也给新建成的火神山医院信息系统的培训工作增加了难度。

疫情严峻，刻不容缓，柳旭生和现场突击队员们互相鼓劲，实行“两班倒”，争分夺秒，24小时不停工，许多人通宵工作，眼里布满了血丝，仍然不下一线。与此同时，东华医为技术人员主动和支援火神山医院的医疗队取得联系，及时了解他们曾经使用的信息系统基本情况，了解医护人员使用系统的习惯。经全面细致掌握情况后，东华医为对系统做了针对性的适应性改造，让医护人员能快速熟悉和掌握这套系统。

“与时间赛跑！时间就是生命！”上岗前的信息系统培训，成为火神山医院接收患者前重中之重完成的任务！王莉带领同事在“火神山”医院培训中心负责给所有医护人员培训，按照上级要求，必须在5天时间内完成火神山医院1400名医护人员的培训，任务非常艰巨。由于参加培训的人员太多，培训用的机器仅有80台，有的医护人员为了尽快掌握系统操作，好几个人同时围在机器旁边认真学习，不懂就问。

东华医为员工在武汉项目前线

远在北京的总指挥部韩士斌董事长，早已预测到培训任务的难度，他提前让北京总部工作的技术骨干针对新冠病毒肺炎特点，从技术层面做了一些改造，提前把测试模板做好，把新冠肺炎有关信息上传在系统里。

世上没有岁月静好，而是有人为你在负重前行。在武汉火神山医院的王莉和同事们全天候在现场为医护人员培训指导，把公司提前做好的用户手册、简易操作指南等上传到每一台电脑桌面上，并打印成二维码，贴在教室显眼的位置，医护人员扫码后，可以随时随地学习操作规程。同时，还采取线上发布培训小视频等方式，解决了医护人员集中到达和学习时间有限给培训带来的难题，为医护人员第一时间快速进入工作状态、高效利用信息系统提供了保障。

深夜，室外寒风阵阵，培训中心的灯依然亮着。培训期间，王莉和同事们除了吃饭和短暂的休息，大部分时间都用在培训上，一天要连续进行十多场培训，所有医护人员分期分批参加培训，每场需要一个多小时，话说得多了，嗓子哑了，赶紧喝点水润润嗓子，她们如同出征的将士，紧接着又耐心为下一批医护人员认真讲解操作步骤、操作界面、操作流程。东华医为的战士们凭借着钢铁般的意志，困了，就揉揉眼睛，站起来活动一下筋骨，咬咬牙，振作精神，硬是如期完成了培训任务。

董事长韩士斌接受笔者采访时，深有感触地说："按照过去的经验，像承建武汉火神山、雷神山医院这样的IT系统项目，从实施到上线至少需要三个月，而这一次仅用了10天，奋战在武汉抗疫一线的工程师跟拼命似的工作。每次我接到武汉同事打来的电话，打心眼里敬佩他们，更心疼他们。"

正是凭着东华医为的勇士们这股顽强拼搏的精神，2月3日如期将火神山医院信息管理系统完成部署并交付，正式开始收治新型肺炎患者。医院各项业务井然有序推进，信息系统平稳顺畅运行。

5天后，雷神山医院信息管理系统也如期顺利交付！亲历这场"生死时速"般大考的东华医为勇士们，如同幕后英雄，或许不被众人知道，但他们付出了常人难以相像的巨大代价，将给东华医为的员工们留下刻骨铭心的记忆。

三

在火神山医院和雷神山医院收治的确诊患者，都是从其他医院转过来的，有些患者还有其他病症，需要快速接诊进行救治，每一分钟都很珍贵。为此，东华医为给这两所医院打造了创新入院的模式，所有转诊病人的信息在入院前，已经录入系统内。为每个病人生成一个二维码，当患者入院时，只要出示二维码，护士扫码后即可自动分配床位和主管医生、护士，大大缩短了病人办理入院手续的时间。火神山医院正式启用不到1个小时，首批入院的200名患者全部办完入院手续，为后期治疗赢得了宝贵的时间。

进入医院污染区工作的医护人员必须穿着厚重的防护装备，为避免医护人员感染，东华医为在系统里部署了语音交互的功能，这套系统实现了声纹识别登陆、语音导航、多方言识别录入等功能，采取电子签名系统，实现无纸化办公，大幅提高了一线医护人员的工作效率，减少了病患和医护人员的接触，降低了感染风险。

在疫情最严重的日子里，医院作为病毒污染区，是人们避之不及的场所。然而，为了帮助医护人员更快速、更准确地收治肺炎患者，医护人员遇到技术难题时，东华医为湘鄂区域项目经理余承胜第一个挺身而出，穿上防护服，义无反顾地冲往污染区进行现场指导，在里面一待就是五个小时。

“一定要保证一线人员的安全！绝不能让他们出现任何意外！”东华软件股份公司党委书记、董事长薛向东掷地有声，他时刻关注奋战在武汉一线东华医为勇士的安危，在武汉防护物资最紧缺的日子里，薛向东及时跟武汉市相关部门沟通，要确保一线人员必须有足够的防护物资，同时，他每天都要提醒一线负责人：“你们要加强防护！注意休息！”直到接到一线人员报“平安”的电话时，那颗悬着的心才算放下。

董事长韩士斌从正月初八开始，坚持按时上下班，坐在公司那间不足20平方米的办公室里，坐镇指挥，负责技术骨干线上线下的协调与决策，全力支持武汉抗疫，同时，他还与全国各地的东华医为团队保持联系，及时解决疫情期间他们在当地遇

东华医为雷神山医院现场信息化项目组合影

到的难题。有着东华公司强有力的后盾做支撑，让奋战在武汉一线的医为人员感受到组织大家庭温暖的力量，干劲更足了。

董事长薛向东组织大家学习

武汉，在人们眼里视为最危险的城市。然而，党员的力量是无穷的！东华软件党委副书记兼纪委书记左耀龙决定充分发挥党支部战斗堡垒作用，在武汉成立了东华医为临时党支部，关键时刻，所有党员都冲在前，起到模范带头作用，在党员的影响下，其余非党员员工积极向党组织交出了入党申请书。

沧海横流，方显英雄本色，东华医为除了承接武汉火神山、雷神山医院信息管理系统，在全国抗疫前线，同样全力以赴，有着强烈的社会责任担当：第一时间为深圳市中医院等全国67家医院上线发热患者筛查系统，助力医院加快新冠肺炎预检工作；同时，为北京小汤山医院、北京地坛医院、哈尔滨医科大学附属第一医院等全国多家抗疫前线重点医院进行抗疫IT升级改造，助力医院加强防控举措，全力应对疫情。

从冬到春，荆楚大地见证了东华医为勇士们无畏逆行的勇气和坚守，他们用智慧与责任筑牢抗疫前方最坚实的技术防线，在中华大地谱写了一曲齐心协力共同战疫的赞歌。

辛勤的汗水浇灌出美丽的花朵，一个个喜讯不断传来，让东华医为人感到骄傲的是：6月12日，由中宣部、全国妇联评选的“全国抗疫最美家庭”名单里，员工柳旭生、王莉家庭获此殊荣；2020CHINA“寻找最美抗疫医信人”评选表彰大会上，东华医为最终荣获本次大会最高荣誉企业组一等奖；9月8日，东华软件股份公司党委书记、董事长薛向东被评为“全国抗击新冠肺炎疫情先进个人”。“海淀区诚信创建活动”评选中，东华软件股份公司和韩士斌董事长榜上有名，分别荣获“诚信单位”和“诚信标兵”荣誉。

董事长薛向东（中）荣获“全国抗疾情先进个人”称号

在董事长韩士斌的书柜里摆放着两个

“捐赠证书”，成为东华医为给火神山和雷神山医院捐赠价值2025万元医疗IT系统的有力见证，已载入东华医为的发展史册。

韩士斌自信地对我说：“那些证书、奖杯和锦旗代表着过去，更成为激励医为人继续前行的动力，你看，我们的员工干劲十足！”我顺着他目视的方向，只见办公区内，一张张整齐有序的办公桌上，每一台电脑前，都坐着聚精会神工作的年轻技术人员，脸上洋溢着青春的活力。

秋风拂面，空气清爽怡人，离开东华医为公司，走在大街上，我和许多行人一样摘下口罩，能闻到一股扑鼻的芳香，原来是街道两旁有许多美丽的鲜花开得正艳，不再被疫情困扰，心情格外舒畅，生活又恢复了原来美好的模样。

后记：

常言说，火车跑得快，全凭车头带！东华软件公司董事长薛向东在抗击新冠疫情期间起到了功不可没的决策作用，原本我计划为他做专访，但薛董事长极力推荐旗下的东华医为公司董事长韩士斌，因为他们在疫情最严重时期冲进武汉疫区，为抢救确诊患者立了大功。

当韩士斌先生接受我采访时，给我讲了冲在一线的员工们许多感人的事迹，有的同事放弃陪护爱人分娩，主动请战；还有的同事瞒着家人来到抗疫一线，他们放弃了家庭团聚的机会，互相支持互相鼓励，不顾个人安危，坚守在疫情最严重的地方。

公司负责宣传的黄红霞也跟我讲了抗击疫情期间那些惊心动魄的情节，她是性情中人，太易激动，我看见她的眼里闪着泪花。那段时间，公司线上线下的员工劲往一处使，加班加点坚守在各自的岗位上，从未跟领导讨价还价谈报酬，把公司当成自己的家，都有着强烈的社会责任感。如今，让人揪心的疫情基本结束了，东华医为经受住了最严峻的考验，如果东华软件公司把此次肩负的使命以全景方式描述出来，将是激励后人奋发向上最珍贵的精神财富。

3. 2020年的春天

——纳通集团紧急增产口罩纪实

文/川　妮

题记： 2020年春天，一场突如其来的疫情席卷了全球。武汉封城之后，北京的防疫形势非常严峻。海淀有28万家企业，但没有一家生产口罩。在这个紧急时刻，拥有10万级洁净车间的纳通集团成为了海淀建设口罩生产线的最佳选择。生产口罩看似简单，事实上并不是一件容易的事情。纳通没有生产口罩的经验，没有成熟的技术工人，他们边学习边实践。2月7日凌晨，纳通的第一只口罩顺利下线！从2月2日至7日，纳通集团只用了五天时间，从无到有建设了一条口罩生产线。

2020年元旦刚过，长安街两侧的树上，就挂起了红彤彤的大灯笼，夜幕下的北京，霓虹闪烁，像落入人间的灿烂星河。每年的一月，是北京最冷的季节，但是，越来越热的节日气氛，已经让人们忘记了天气的寒冷。

位于海淀区稻香湖附近的纳通集团总部新建成的办公区宽敞明亮，一派紧张繁忙的景象，因为春节前要完成搬家准备工作，春节后全体员工正式入驻。在"和义广业，成人成己"的企业哲学指导下，这家当初只有4名员工的公司，在当家人赵毅武的带领下，经过24年的奋斗，已经发展成为拥有9家国家级高新技术企业、4000余名员工的集团公司。纳通集团的核心业务涉及医疗器械、新材料等领域，产业布局国内外，国内在天津拥有正天、金兴达、伊宁等品牌制造基地；国外产业主要布局在德国和芬兰，建有欧洲精密制造中心和生物材料产业基地。纳通已经成为具有行业影响力的国际化医疗健康产业集团，先后被评为"中国产学研合作创新示范企业""北京民营企业百强""北京生物医药产业跨越发展工程G20杰出贡献企业、行业领军企业"……

新落成的纳通集团总部建设了研发配套使用的1800平方米洁净车间，计划春节后正式投入使用。人们没有想到的是，这个车间承担着更重要的使命。

新冠疫情暴发，口罩紧缺

一场突如其来的新冠肺炎疫情，打破了春节将至的喜庆氛围，1 月 20 日，钟南山院士现身中央媒体，宣布了新冠肺炎具有人传人的特点。1 月 23 日，武汉封城。这一天，是腊月二十九。再过一天，就是除夕了。

生活被强行按下了暂停键。短短几天，人们的生活模式就发生了巨大逆转。从岁月静好到草木皆兵，从和平幸福到人人自危，从热闹聚集到闭门隔离。每天盯着屏幕看各种信息，传染人数在增长，死亡人数在增长，武汉医院床位告急，医生护士驰援武汉，医疗用品告急，方舱医院开建，各地提高应急响应等级……这是怎样的措手不及，这是怎样的慌乱无助，这是怎样的焦虑不安。

冲锋在前线的医生护士，需要穿防护服戴口罩全副武装防范病毒入侵。普通人没有能力像医生护士那样冲到前线去救死扶伤，唯一能做的，就是做好自我防护。口罩，成为每一个普通人的防御武器，一时之间，人们发现哪里都买不到口罩了。

海淀有 28 万家企业，但没有一家生产口罩。在这个紧急时刻，拥有 10 万级洁净车间的纳通集团成为了海淀建设口罩生产线的最佳选择。2 月 2 日，纳通接到海淀区政府通知，希望使用纳通的洁净车间，用于生产口罩。纳通集团董事长赵毅武说:“政府有需要，我们毫不犹豫，必须全力配合。”

身为全国政协委员的赵毅武，一直密切地关注着疫情的发展。这个在纳通成立之初就确定了“帮助患者以最小代价战胜疾病、恢复健康”为企业使命的企业掌门人，一直践行着“不以追求利润为企业发展的唯一目的，不以追求个人名利作为衡量成功的唯一标准”的创业初心。

紧急成立项目组，筹建口罩生产线

疫情就是命令。纳通迅速成立项目组，利用现有场地，马上召集京津两地的研发人员、技术人员、生产人员立即到岗，快速组织生产。

一场紧急战役打响了。

在这场战役中，纳通集团的各级领导和员工，忘我地投入了战斗。与他们一起战斗的，是海淀区各部门相关人员。中关村科学城管委会产业二处处长何建吾、海淀区市场监管局医疗器械监管科科长高飞身先士卒，组织协调各处资源保障口罩生产线顺利投产。2 月 3 日，何建吾和海淀区政府办副主任王圣朋连夜赶到广州东莞，那里是全世界最大的口罩设备生产基地，到了之后他们发现，现货根本没有，订货要等到4月初才能提货。这时，民营企业车客家园利用自己的资源，从北京周边地区协调采购到6条闲置设备。生产口罩需要的熔喷布也成为了紧俏物资，市政府出面协调联系，市经信委协调供应。设备运输有困难，区属国企海淀置业、交通支队等立即协调；部分熔喷布要从河南进京，超市发出车出人去拉；工人复产需要住处，属地的苏家坨镇、西北旺镇予以配合……这场战役，动员了全社会的力量。

生产口罩看似简单，事实上并不是一件容易的事情。纳通没有生产口罩的经验，没有成熟的技术工人，只能边学习边实践。进设备那天，车间里只有四五个员工。设备组装、调试，边学边干。因疫情原因，复工的人手有限，仅有3位技师，累了就在车间休息一会儿，睁开眼睛接着干，创造了连续36个小时、72小时赶工的记录。

2月7日凌晨，纳通的第一只口罩顺利下线！从2月2日至7日，海淀区政府及口罩项目组只争朝夕，从考察确定厂房到紧急联系协调购买二手设备，从连夜组装口罩生产设备到调试生产成功，克服重重困难，他们从无到有建设了一条口罩生产线。特殊时期，口罩生产线就是救命的生产线，关键时刻站得出来、顶得上去，充分彰显了非常时期的海淀速度和纳通担当！

国企与民企携手，攻克难关，扩大产能

口罩生产线建立起来，纳通人面临的困难更大了。但是，他们相信，办法总比困难多。

没有原材料，缺少原材料采购标准。那就组建采购团队，制定采购标准。采购团队没有渠道和资源，那就通过网络搜索、熟人介绍、微信群等方式四处寻找资源。投产之初，纳通口罩设备采购小组废寝忘食，24小时不停联络全国各地的资源。疫情期间，不能住酒店，不能乘坐公共交通工具，负责采购的纳通人，只能自己开车前往，吃住都在车上解决。

设备采购来了，没有技师。那就启动口罩机技师紧急招聘。招到技师了，又担心乘坐公共交通工具存在感染风险。那就紧急协调公司的公务车，进行点对点接送，确保万无一失，安全上岗。

随着技术人员的加入，产能稳定提升，但包装机没有到货，后期包装人员又出现了很大缺口，导致口罩积压在包装处，不能上市。那就各部门抽调人员轮流支援，快速完成口罩包装工作。

对纳通集团这样一家临时“跨界”的民营企业来说，持续扩大产能让他们感到吃力，尤其是熔喷布，已经成为纳通口罩生产线的一大瓶颈。熔喷布是生产口罩的

重要原料，堪称口罩的“心脏”，当时，国内市场上的熔喷布供应非常紧张，熔喷布的库存往往只够一两天生产使用。为了保证纳通口罩生产线的产能，北京市政府和发改委为纳通提供了帮助，协调联络中石化与纳通合作，提供设备和原料，联手支持北京防疫战役。中国石化举集团之力，加大同纳通的合作力度，持续优化增产扩产方案，在前期提供11台口罩机的基础上，又追加了4台口罩机。

口罩机数量持续增加，纳通为进一步扩大生产规模，在北京延庆地区新建一处1000平方米的生产车间。但由于春节假期和疫情因素，招工成了大难题。关键时刻，中石化员工站了出来，协助设备组装、调试及生产工作，当时，延庆工厂30%的生产人员来自中国石化。

在2020年春天这场抗疫战中，纳通和中石化的合作，成就了民企和国企联合抗疫的典范。

总理考察纳通，鼓舞士气，提振精神

2月21日，中共中央政治局常委、国务院总理、中央应对新冠肺炎疫情工作领导小组组长李克强在北京考察口罩等医疗防控物资生产供应保障情况。李克强总理说，疫情防控工作取得积极进展，医疗防控物资的供应保障起到了强有力支撑作用。现在疫情防控正处在关键阶段，各地有序复工复产也需要大量口罩等防疫物资。李克强总理考察了纳通新上的口罩生产线。赵毅武董事长向李克强总理汇报，公司通过上生产线和与中石化合作，已经迅速形成了日产近30万只口罩的生产能力。李克强总理详细询问企业用工是否短缺、增加生产还需要哪些支持、口罩投放市场的价格等，叮嘱有关部门负责人抓紧协调帮助解决企业原材料方面遇到的难题。李克强总理说，口罩是医务人员抗击疫情的“武器”，是保护群众健康的“盾牌”，也是企业有序复工复产的坚强保障，还是民众的心理安全屏障。在当前特殊时期，广大口罩生产企业要开足马力扩大产能，继续与时间赛跑，分秒必争加快生产，切实保证产品质量，坚持人民利益至上，保持合理价格水平。

临别前，在场的纳通员工提出想与总理合个影，李克强欣然答应。他说，希望下次来我们都不用戴口罩了，再合张影。

总理的视察和肯定，让纳通人加满了油，鼓足了劲儿。

3月11日，纳通口罩日产量达到近50万只。 从2月7日截至3月11日，纳通口罩总产量达到600多万只，这些口罩每天通过海淀区物质保障机制，陆续投入到海淀全区复工复产、城市运行、社区防控以及群众生活等各个领域。从3月11日起，海淀区超市供应的纳通口罩就做到了不限购。在超市里买到了口罩的大爷大妈们，终于流露出安心的目光。

赵毅武委员对企业能够为政府出份力感到很欣慰，他说："此次能够在短时间内组建生产线，并快速投放市场，是政府、央企与民企同心聚力、众志成城、共同奋战的结果。我们要开足马力扩大产能，继续与时间赛跑，分秒必争加快生产，切实保证产品质量。"

品质第一，不断创新

自第一条口罩生产线投产以来，纳通始终坚持"品质第一"的原则，在口罩行业原材料供应紧张、品质不一的情况下，纳通首先明确各种原材料的采购标准，并对采购的原材料进行多次测试和检验，坚决摒弃标准不达标的产品，确保口罩品质。纳通口罩所使用的熔喷布等核心原材料，大多由中石化、泰达等大型企业直供，从原材料开始严把质量关。

医用外科口罩作为第二类医疗器械，在 30 万级洁净车间生产即可，而纳通利用洁净等级更高的生产三类医疗器械的 10 万级洁净车间生产口罩。同时，纳通对生产洁净间进行超标准的严格管理，所有一线生产人员必须严格执行相关程序，穿好隔离服、经两次消毒之后才能进入车间从事生产工作。

每个批次的口罩，都要经过严格的检验，检查外观，检测过滤效率和通气阻力（压力差）等。每一只口罩从原料到成品，从包装到灭菌，都需要经过若干道程序。疫情之下，口罩就是护卫人民健康的盾牌，必须保证盾牌的可靠性。

纳通大力引进高速生产设备，迅速扩大产能，作为京津抗疫主力，全力支持京津抗疫。高速生产一次性医用外科口罩的同时，纳通不断扩展口罩生产线，通过并购、自主研发等多种形式，生产多品类、多种型号的防护产品，满足人民群众抗疫防护所需。截至目前，旗下已拥有四家下属企业可生产医用外科口罩和医用防护口罩（包括 N95 和 N99）以及非医用个人防护口罩。

支持全球抗疫，捐赠回馈社会

2020 年 3 月 26 日，上海新冠肺炎医疗救治专家组组长、复旦大学附属华山医院感染科主任张文宏接受专访时说，目前，中国国内新冠肺炎疫情从暴发期进入康复期，但境外正进入全面暴发期，疫情进入了全球大流行状态。

纳通口罩生产坚持高标准、高质量，口罩的品质和品牌受到了国内外的广泛认可和好评。在全球战疫的关键时刻，纳通应国际上的紧急需求把口罩出口海外，在助力全球抗疫中发挥重要作用，为构建人类卫生健康共同体贡献一份力量。

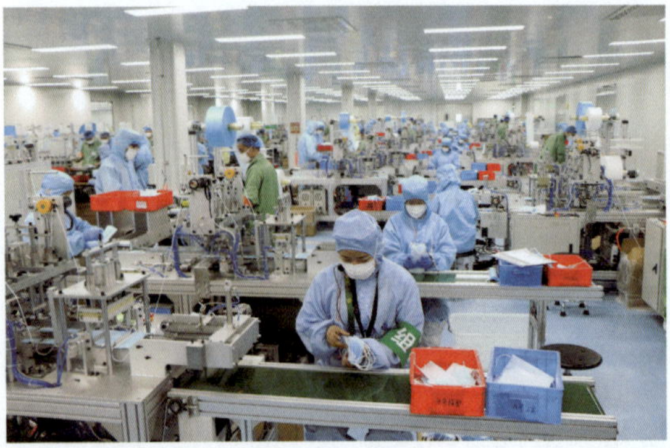

车间

救疫如救火，应一些国家防疫紧急需求，北京纳通口罩销往欧盟多个国家和地区，缓解了很多国家的燃眉之急。3 月欧洲新冠疫情大暴发，法国急需防疫物品。法国大使在中国协同法国卫生部购买口罩，参观纳通口罩生产线后，对纳通的生产和质量控制十分认可。经过半个多月的洽谈，4 月正式签订了医用外科、医用 N95 等口罩的供货合同，3 个月完成订单。

德国疫情暴发之后，纳通第一时间将口罩运抵集团在德国的子公司所在城市图特林根，支持当地及周边地州的抗疫工作，受到当地欢迎和好评。同时，纳通与多个国家达成合作，将共同开展防疫用品生产工作。

随着生产能力的提升，纳通集团向国际社会伸出了援手，通过国际儒学联合会、白求恩基金会、中国宗教界和平委员会等多种渠道捐赠海外 60 多个国家和地区，共计 170 多万只口罩。纳通相关负责人表示，自 2 月 7 日正式投产至 3 月 24 日湖北解封，这期间所生产的口罩均由政府统一调配后投放市场，在超市、药店、中石化加油站等上柜销售，所获盈余，纳通全部以口罩形式捐赠社会各界。截至目前，纳通累计捐赠口罩 800 余万只。

和义广业，成人成己

疫情带来了苦难，也引发了思考。危难之处显真情，当全国人民面临同样的境况，我们唯一的选择就是团结协作，同心聚力，共同战胜疫情。此时此刻，个人的利益被抛到九霄云外，没有人计较个人得失，付出的多与寡，大家空前团结，真正做到了心往一处想，劲儿往一处使，形成一根无比强大的链条，环环相扣，彼此协作，坚不可摧。

纳通正是这强大链条中的一环，临时转产口罩之后，紧密联系上下游企业，积极拓展产品线，尽最大可能满足人民群众所需。数千名纳通员工全身心投入到抗疫事业中，自动自发地克服一切困难，不讲条件，不计代价，穷尽一切力量，以最快的速度、最佳的质量生产出人民群众急需的防疫物资。

无论是研发人员的彻夜不眠，生产线上的灯火长明，还是紧急时刻加班加点生产熔喷布的中石化员工，更有在疫情最严重的时候冒着生命危险四处奔波寻找口罩机的政府工作人员……他们，没有一个人是为了个人的荣誉和利益，没有一个人计较个人的安危与得失，没有一个人想到逃避与放弃。

他们都是普通人，他们的工作是平凡的，但是，危急时刻，普通人也可以作出伟大的贡献。只要大家同心协力，充分满足各方的诉求，和谐统一，彼此成就，就会取得最终的胜利。这，就是纳通多年来一直奉行的企业哲学“和义广业、成人成己”的深刻内涵。

纳通就是这样一个集体，以满足社会需要为前提，不以谋利为目的，不给政府增加负担，勇于承担社会责任，团结一切可以团结的力量，共同努力，为国家分忧解难。

2020 年 7 月 21 日，习近平总书记在北京主持召开企业家座谈会并发表重要讲话，强调指出：“新冠肺炎疫情发生以来，在各级党委和政府领导下，各类市场主体积极参与应对疫情的人民战争，团结协作、攻坚克难、奋力自救，同时为疫情防控提供了有力物质支撑。”

认真学习了习近平总书记在企业家座谈会上的重要讲话后，赵毅武说：“我很受鼓舞，增强了信心，纳通将以恒心办恒业，心无旁骛做优做强主业，持续加强口罩产品研发创新，承担医疗企业的社会责任，尽最大可能满足人民群众所需，在助力全球抗疫中发挥重要作用，为构建人类卫生健康共同体贡献一份力量”。

自动化生产线

4. 风雨兼程 “巾帼”担当

——记海淀区海联会副会长、鑫桥联合金融服务控股集团有限公司董事局主席、鑫桥联合融资租赁有限公司董事长、侨界代表人士李然

文/曾金胜

题记：面对突如其来的新冠疫情，她第一时间积极响应习近平总书记关于坚决打赢疫情防控阻击战的号召，捐资捐物；迅速建立起疫情期间的对内、对外创新工作机制，积极为国家经济复苏和社会稳定发展加油助力，及时为国家经济恢复发展注入金融力量。她，就是北京市海淀区海联会副会长、鑫桥联合金融服务控股集团有限公司董事长、鑫桥联合融资租赁有限公司董事长、北京市侨联兼职副主席李然。

“沧海横流，方显英雄本色”“青山矗立，不堕凌云之志”，生动诠释了一位侨界女企业家在国家需要的每一个阶段中“勇往直前的精神与担当”。

李然，北京市海淀区海联会副会长，鑫桥联合金融服务控股集团有限公司董事长、鑫桥联合融资租赁有限公司董事长，北京市侨联兼职副主席，第八届中国侨界贡献奖获得者。面对突如其来的新冠疫情，李然第一时间积极响应习近平总书记关于坚决打赢疫情防控阻击战的号召，捐资捐物累计约 300 多万元人民币。迅速建立起疫情期间的对内、对外创新工作机制，积极为国家经济复苏和社会稳定发展加油助力，及时为国家经济恢复发展注入金融力量。多年来，她在“精准扶贫”“新冠肺炎疫情防控”、支持“两岸四地”经济文化科技交流、支持新侨人才创新创业方面、支持国家基础教育，资助优秀学生及贫困学生、社会公益等方面累计捐赠金额多达上亿元人民币。“沧海横流，方显英雄本色”“青山矗立，不堕凌云之志”，生动诠释了一位侨界女企业家在国家需要的每一个阶段中勇往直前的精神与担当。

追逐优秀　创新创业

作为中国知名企业家，李然有多重身份：鑫桥联合金融服务控股集团有限公司董事局主席、北京市侨联兼职副主席、中国侨联特聘专家、中国侨联创新创业联盟副理事长、中国侨商联合会常务副会长、北京市侨联创新创业联盟执行理事长，北京市海淀区海联会副会长、北京华商会常务副会长、中国社会科学院融资租赁研究基地博士后流动站副理事长兼秘书长、清华大学法学院金融所研究员、中国和平发展基金会副理事长、中国华侨公益基金会副理事长、香港侨界社团联会永远名誉会长、香港中国企业协会妇女工作委员会副主任委员、香港北京交流协进会理事、香港福建妇女协会副主席、福建海外杰出女性联谊会会长等职务。

2007 年 5 月，李然作为主要创始人之一，在北京创建成立了由国家商务部批准的外商投资公司——鑫桥联合融资租赁有限公司。多年来，李然领导公司管理团队致力于为中国的实体经济发展和中国城市经营性公用基础设施建设和发展提供以资金为核心、以金融技术和金融服务为支持的盘活存量、支持增量的定制化创新型金融服务，并创造性地将产业和金融相结合，创立并发展了具有特色的以资源组织能力和资源增值能力为依托的、促进中国城市经营性公用基础设施建设的结构性融资租赁的可持续发展创新模式“鑫桥模式”，成为中国融资租赁行业的金融服务品牌。在行业中，连续几年获得服务于中国大型企业集团公司和城市经营性公用基础设施建设排行首位的荣誉，已完成中国城市经营性公用基础设施建设项目投融资额达上千亿元人民币，荣获北京税务局颁发的“纳税信用 A 级企业”。

公司在发展过程中，得到中国各监管机构和金融行业诸多好评，并多次获得中国银行业协会、中国融资租赁年会、国家发改委、中国社会科学院金融研究所、中国外商投资企业协会、中国融资租赁三十人论坛等监管机构和金融行业颁发的“最佳结构金融产品创新奖”“中国最佳融资租赁业务模式创新奖”“年度最佳融资租赁公司”“融资租赁杰出贡献奖”“中国融资租赁创新奖”“创新中国杰出贡献单位”“最佳融资租赁创新奖”“最佳融资租赁商业模式创新企业”，被中国侨联授予“中国侨界贡献奖创新企业”；被北京华商会授予“企业创新发展奖”等荣誉。

把握机遇　贡献国家

二十世纪九十年代初，李然怀揣梦想，赴美学习工作。她和所有那个年代的海外华人华侨一样，在国外学习生活，经历风雨的洗礼。在美国创新创业发展的圣地硅谷，她创立了以互联网为基础的电子商务技术服务公司及以投融资为基础的金融资产管理公司。

在中国第十个五年计划这一重要的经济建设和发展时期，李然毅然决定回国奉献社会，把握时代赋予的发展机遇。作为一位海归女企业家，她既有中国女性特有的优雅气质，又有着运筹帷幄的思想格局。从国外回来的李然就如何解决当时金融产品单一，满足国家投资建设发展需要，把已形成的存量资产盘活，支持中国基础设施产业及实体经济发展进行了考察研究，并与先生共同创建了鑫桥联合融资租赁有限公司。她希望通过国外先进金融工具融资租代的方式，服务于中国的城市公共设施建设和运营的大型企业集团公司。

当我们看到城市高楼如雨后春笋般拔地而起，公路、铁路网络贯穿南北、四通八达，一座座工厂在实现供给侧结构性改革中设备更新换代，产品质量不断升级，逐步满足人民对幸福美好的生活向往时，金融服务所做出的巨大贡献正是这些国家基础设施建设中最强有力的后盾。李然领导公司管理团队潜心于融资租赁模式的创新研究并在实践中不断加以应用，开创了独具特色的“鑫桥模式”，不仅为中国金融市场的发展注入新的活力，更成为中国融资租赁行业进行金融创新的一面旗帜。

2010 年 5 月，鑫桥与中国社会科学院联合创建成立了中国唯一一家以融资租赁领域为研究方向的“中国社会科学院博士后流动站”，成立至今，为中国融资租赁行业培养了多位博士后人才，为带动和引领融资租赁行业的健康发展起到了一定的推动作用，同时也为中国融资租赁行业的发展提供理论基础和行业经验。

为了更好地响应、支持国家“一带一路”、国家中心城市、“京津冀协同发展”、“粤港澳大湾区建设”等国家战略发展和实践，更好地为当地的基础设施建设和发展提供创新金融服务，分别在“一带一路”路上枢纽的云南和“海上丝绸之路”的起点福建、深圳、天津、上海等地投资设立全资融资租赁子公司。公司已逐步形成了服务于中国城市经营性公用基础设施建设和发展、产业升级转型、国家中心城市、京津冀协同发展、粤港澳大湾区和中国“一带一路”战略国策的实现的全方位、专业性强的金融服务体系，为推动中国实体经济发展和中国城市经营性公用基础设施建设做出了贡献。

同心抗疫 “巾帼”担当

2020 新春伊始，一场疫情的暴发牵动着全国人民的心。14 亿中国人聚焦武汉！病毒突袭而至，疫情来势汹汹。随着疫情防控的形势演进，抗击百年未有之大疫情让中华民族又一次站在危难关头。一场“同时间赛跑、与病魔较量”的疫情防控人民战、总体战、阻击战打响。

在香港，李然积极参与到香港基层组织的抗疫工作中，一方面向基层组织捐赠口罩、消毒液等防疫物资，另一方面亲自多次走上街头参加派发口罩等抗疫活动，关心和支持香港基层社团组织和社区的抗疫工作。图为李然响应香港中国企业协会妇女委员会的倡议，捐赠医用外科口罩及消毒液等防疫物资，助力香港医疗系统防疫工作

面对突如其来的新冠疫情，李然第一时间积极响应习近平总书记关于坚决打赢疫情防控阻击战的号召，捐资捐物累计约计 300 多万元人民币。一月底，李然通过北京市侨联捐款 100 万元用于购买口罩和防护服等医疗防护设备，支援首都抗击新冠疫情的物资采购。进入二三月份以来，李然在境内境外、国内国外联系中得知北京市输入型病例不断增多，首都防疫工作面临着基础保障及维护等方面的巨大压力时，在北京市委统战部、市侨联的指导下，在海淀区统战部和海淀区侨联的大力支持下，通过北京市卫健委、海淀区卫健委向北京市红十字会、海淀区红十字会捐赠三辆负压救护车，助力打赢首都疫情阻击战。

在香港，李然积极投入抗疫控疫工作中，面对着香港基层组织和社区的口罩等防疫物资的供应紧张情况，李然多方筹措和采购海外医疗物资，第一时间运至香港支援防疫工作。听闻香港中山大学医学院等私人诊所因口罩、消毒液等基础物质物资短缺面临难以维持正常医疗服务的困境后，李然积极响应香港

李然多次走上街头参加派发口罩等抗疫活动，关心和支持香港基层社团组织和社区的抗疫工作。图为李然捐赠并亲自来到香港将军澳的街头，将口罩派发给社区的老人们

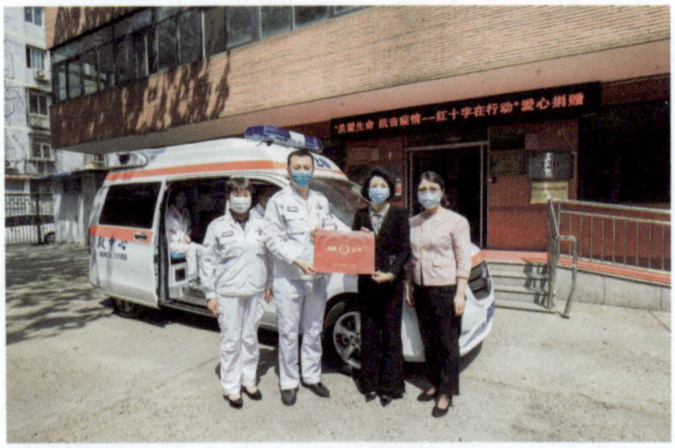

2020年4月30日，在海淀区红十字会举办的捐赠仪式上，李然向海淀区红十字会捐赠的医用负压救护车，并与海淀区红十字会及120紧急救护医务人员合影留念

李然参加香港工商界妇女“巾帼同心抗疫情”短片的拍摄工作，发挥了香港“巾帼抗疫”的精神引领作用

中国企业协会妇女委员会的倡议，捐赠医用外科口罩及消毒液等防疫物资，助力香港医疗系统防疫工作，在三八国际妇女节到来之际，作为香港中国企业协会妇女工作委员会副主任委员，李然与香港特首及香港各界妇女团体一道，参与了香港工商界妇女“巾帼同心抗疫情”短片的拍摄工作，发挥了香港“巾帼抗疫”的精神引领作用。

同时，李然积极参与香港侨界社团联会、香港福建妇女协会、香港民建联防疫控疫活动，并亲自随香港福建妇女协会、香港民建联走进社区街头，将口罩一一派发给社区的老人们，得到香港各界人士的高度赞扬，收到香港侨界社团联会、香港福建妇女协会等组织以及香港民建联前区议员李均颐等人士颁发多张感谢状。

复工复产　金融力量

金融是服务实体经济的血脉，在国家和民族经历重大历史考验的节点，“金融力量”的重要性毋庸置疑。

2月10日，为积极响应国家“防控疫情和经济发展两手抓”的号召，在李然的带领下，鑫桥联合金融服务控股集团所属各公司在抓好科学防控疫情的同时全面复工复产。

一方面，李然第一时间安排公司行政部门制订公司疫情防控预案，并及时了解公司所属各部门疫情期间工作模式调整计划，建立起一套特殊时期行之有效的公司管理运行机制；另一方面，李然带领和组织企业员工与客户及各合作单位积极沟通，及时了解客户及合作单位疫情的影响与经营发展需求，快速高效地建立起与客户及合作单位的远程服务模式。

在迅速建立起疫情期间的对内、对外创新工作机制后，鑫桥公司各项业务推进

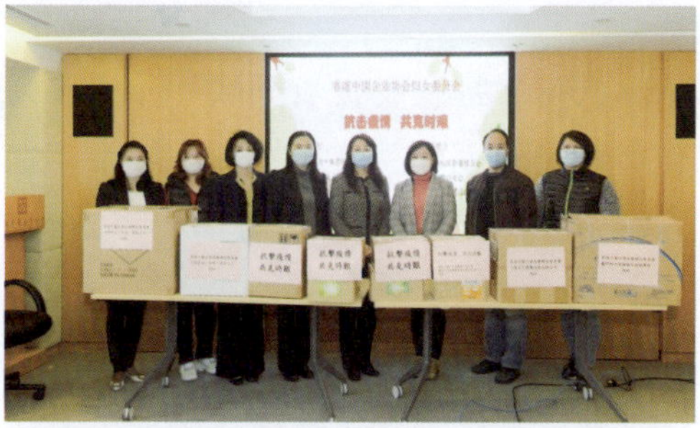

李然积极响应香港中国企业协会妇女委员会的倡议，捐赠医用外科口罩消毒液等防疫物资，助力香港医疗系统防疫工作

李然关心和支持香港基层社团组织和社区的抗疫工作。图为香港侨界社团联会黄楚基会长向李然颁发了感谢状

有条不紊、快速高效。在与各合作方达成共识的基础上，通过高科技远程数字可视电话签约验证方式完成了项目一系列合同、协议的签约工作，并于3月2日在各方面的协调支持下顺利完成了14亿元人民币资金放款工作，以最快速度、最大的努力支持国家西南部地区交通运输建设和发展。

李然表示："积极为国家经济复苏和社会稳定发展加油助力，及时为国家经济恢复发展注入金融力量，这是我们金融业的责任，也是鑫桥的担当。"平实的话语，却生动诠释了一位侨界女企业家在国家需要的每一个阶段中，勇往直前的精神与担当。

不忘初心　回馈社会

2020年2月23日，习近平总书记在统筹推进新冠肺炎疫情防控和经济社会发展工作部署会议上发表重要讲话。他引用"沧海横流，方显英雄本色"指出，在这场严峻斗争中，各级党组织和广大党员、干部冲锋在前、顽强拼搏，广大医务工作者义无反顾、日夜奋战，人民解放军指战员闻令而动、敢打硬仗，广大人民群众众志成城、守望相助，广大公安民警、疾控工作人员、社区工作人员等坚守岗位、日夜值守，广大新闻工作者不畏艰险、深入一线，广大志愿者等真诚奉献、不辞辛劳，党和国家有关部门和人大、政协以及各人民团体等主动担责，社会各界和港澳台同胞、海外侨胞纷纷捐款捐物，为疫情防控做出了重大贡献。

"沧海横流，方显英雄本色""沧海横流"意思是海水四处奔流，比喻形势严峻复杂。意喻越是严峻复杂的形势，恰能显示出英雄人物的本来面貌，展现出他们的非凡举动、英雄作为。亦可谓："青山矗立，不堕凌云之志。"

在服务国家经济建设发展的同时，李然始终未曾忘记担当社会责任、回馈社会。在"精准扶贫""新冠肺炎疫情防控"，支持两岸四地经济文化科技交流、支持新侨人才创新创业方面、支持国家基础教育，资助优秀学生及贫困学生、社会公益等方面累计捐赠金额多达上亿元人民币。

几年来，李然和公司为积极响应国家“精准扶贫、打赢脱贫攻坚战”号召及为国家的基础教育事业积极捐款做了大量的工作，资助贫困学生，奖励优秀学生，在支持推动两岸四地的文化、科技、经济交流和发展等社会公益事业方面出资出力，做出了贡献。

李然连续三年积极参加北京市侨联“京侨帮扶·双百行动”，累计捐款310多万元人民币，助力“京侨帮扶·双百行动”精准扶贫对口帮扶单位河北省保定市阜平县提前脱贫迈入小康县。李然连续三年积极参加“京侨帮扶·双百行动”，助力革命老区打赢脱贫攻坚战。

“京侨帮扶·双百行动”是北京市侨联贯彻落实市委扶贫协作决策部署推出的三年工作计划。计划每年资助100名贫困大学生、支持100个农用大棚信息化改造，助力革命老区河北省阜平县打赢脱贫攻坚战。

李然积极参与福建省侨联发起的“百侨帮百村—联村住户”精准扶贫工作。助力福建边远山区的扶贫攻坚工作。除了捐资帮扶外，一方面还帮助当地茶农增添设备，引进生产线，增加制茶产量，另一方面帮助茶厂产品拓展销售渠道，多次购买茶叶，助力当地特色绿色农业走出去，增强当地经济造血功能。

她还支持、捐助“清华大学王汉斌法学基金”“王汉斌法学研究杰出贡献奖”，这两个奖项主要用于全国高等大学包括清华大学、北京大学、中国人民大学、中国政法大学等全国14所著名高校的法学专业优秀贫困学生的资助，以及奖励对法学研究作出突出贡献的教育工作者。多年来，该基金已资助了超过500名的贫困优秀法学专业学生，为国家法制教育和法制优秀人才培养和队伍的建设发挥了积极的作用。

为加强首都与两岸四地的交流，提供研究与合作的平台，李然先后与清华大学合作成立了“清华大学港澳研究中心”“清华大学两岸发展研究院”，为推动港澳台两岸四地经济、文化交流和人才的交流、创新做出贡献。积极支持清华大学化学系成立的“汪家鼎励学基金”，精准捐助贫困学生求学深造。

由于李然在金融创新发展、支持海外华人华侨、香港社团组织、社会公益事业、“一带一路”文化传承和社会责任担当等方面做了大量工作和贡献，几年来，分别荣获“中国金融创新人物”“中国融资租赁年度人物”等多个行业奖项；于2017年荣获“中国侨联新侨创新创业杰出人才（侨创二十人）”，2018年荣获中国侨联和国务院办公室授予的“全国归侨侨眷先进个人”荣誉，2019年荣获“北京市侨联工作先进个人”。2018年作为中国侨联新侨代表人物收录在由中央电视台、中国侨联联合录制的“华侨华人与改革开放四十周年”系列活动中央电视台《走遍中国》特别节目《四海共潮生》中；2019年荣获由香港《镜报》组织、由前香港特首梁振英先生颁发的“杰出企业家社会责任奖”“2019年‘一带一路’企业家杰出社会责任奖”。

同时，李然凭借自身多年的金融知识和实践经验，致力于理论研究和侨务工作的研究。先后著有《中国存量基础设施融资租赁模式研究》《融资租赁交易中心模式设计及风险防范的研究》《拓展海外侨务工作新途径 加强海外校友会平台建设》《凝聚侨心侨智 贡献国家发展 金融创新助力我国城市基础设施建设》《凝聚侨心侨智 贡献“一带一路”》《汇侨智立足创新创业 聚侨力助力中国腾飞》《“新时代下，女性社会责任担当的探讨”》《开拓创新融资租赁，助力大湾区城市建设、产业升级和科技创新》《履行社会责任加深国际社会对华人企业的认识》《在全球化经济发展中发挥女性‘她’力量》等研究著作及文章。

厚德载物 征程再发

《周易》云：“天行健，君子以自强不息；地势坤，君子以厚德载物。”

回首刚刚过去的八个多月，多少惊心动魄、感人肺腑的历史瞬间仿佛电影般一幕幕，依然叩动着置身“后疫情时代”的人们的心灵。疫情，也让中华民族在百年未有之大变局的复兴路上，经历了一场历史大考。当回顾那些风雨如磐、真实而碎片化的历史细节，每一个炎黄子孙都能感受到，从5000多年文明发展的苦难辉煌中走来的古老国家和民族之脉搏和律动。

2020年9月8日，习近平总书记在全国抗击新冠肺炎疫情表彰大会上提出并深刻阐述了“生命至上、举国同心、舍生忘死、尊重科学、命运与共”的伟大抗疫精神。“伟大抗疫精神，同中华民族长期形成的特质禀赋和文化基因一脉相承，是爱国主义、集体主义、社会主义精神的传承和发展，是中国精神的生动诠释，丰富了民族精神和时代精神的内涵。”

历史不会忘记，史上特殊的庚子年份，中华儿女汇聚的众志成城的中国精神、中国力量。历史会铭记，每一个与祖国心相连的人们，在国家和民族危难关口的奋起担当。

“不积跬步，无以至千里”，李然将继续以“厚德载物”的精神，行走在为国家发展的征程上，面对构建以国内大循环、国内国际双循环相互促进发展新格局，李然领导公司管理团队会继续紧紧围绕国家发展规划，围绕国家“新基建”“高质量”、“高品质”发挥自身优势，“只争朝夕，不负韶华”，为全方位推动国家经济建设高质量发展做出最大的努力和贡献！

5. 双馨德艺共星河

——记中国书法家协会副主席、九三学社区委主委、首都师范大学教授叶培贵

文/王海滨

题记：2020年春天的新冠病毒肺炎疫情，牵动着每一个中华儿女的心。习近平总书记亲自指挥并在中央政治局常务委员会会议上强调指出“生命重于泰山。疫情就是命令，防控就是责任。”在党中央的坚强领导下，全国各地人民群众戮力同心，大爱无疆的精神真正诠释了一个大国人民的使命和担当，也涌现出很多先进人物，叶培贵就是其中之一。

叶培贵是首都师范大学教授、博士生导师、九三学社中央委员、中国书法家协会副主席、北京书法家协会副主席、九三学社海淀区委主委。曾获得第四届“全国中青年德艺双馨文艺工作者”称号。

我打电话给叶培贵老师约定采访时间，电话中，他的声音听着格外苍远，背景里有些嘈杂，原来他正跟随中国文联文艺志愿服务小分队远在四川大凉山美姑县进行慰问演出，三天后他回到北京，稍作休整了一个晚上，又随小分队赶赴了内蒙古乌海。等他从乌海回来的第二天下午，我在首都师范大学家属区见到了他，脸带倦容，但精神奕奕。

作者与叶培贵合影

话题就从文化下乡说起：

“总书记不是说嘛，要用文化建设的方式改变贫穷，扶贫先要扶智……我虽然不会唱歌不会跳舞，但是，我可以用我们国家最传统的书法艺术让他们感受到国家对他们的关爱……”

“从北京去美姑县，在路上就整整一天时间……是有些辛苦，但很有意义……”

我问，当地的老百姓们对书法下乡这种形式接受吗？叶培贵连连点头，说不但接受，而且很喜欢。

“当地老乡们对书法这种艺术形式非常愿意接受……这次为三所中学题写校名，就是依照当地的要求来做的……”

“疫情暴发的时候，我写过几首诗，主题是‘愁’，不是春愁，不是闲愁，是‘位卑未敢忘忧国’的愁，愁我不能到一线去，那么，现在我可以去，到一线，用我擅长的传统的书法文化去感染他们，鼓舞他们……”

话题转到春天的疫情，叶培贵说，早在1月20日，他就通过自己开设的“予山石舍微课堂”，给学生们发出了抗疫提醒。随着疫情不断升级，他在线上又对学生们提出了更加明确的要求，要求大家积极配合防控部署、理性看待疫情发展、科学参与防控防控：

“疫情来势汹汹，人们难免处出现恐惧、焦虑，我想告诉学生们，放松身心，平复心情，同样也是战‘疫’的一部分，是我们战胜病毒不可或缺的精神‘疫苗’……”

叶培贵要求学生们严格遵守学校防控工作管理规定，做到不接通知不返京、不返校，认真撰写论文和精读书的同时，抽空写字，写字可强大身心。

“物随心转，境由心造。书法自古就是修身养性最好的方式，现在身处家中，远离喧嚣，正好可以好好揣摩其中的真谛，解读生命的意义，有助防疫，即便对论文写作也是有帮助的啊……”

针对学生的居家学习，叶培贵逐一发数条微信，叮嘱大家：

“把近期的隔离，变成主动的闭关修炼。闭关修炼，一定要聚焦于某些点上，不要随心随性，那就乱了，也就失去闭关的意义了。”

“一定不能乱跑！！切记！切记！”

叶培贵要求学生们趁机可以学学做饭，该跟亲师兄弟或亲师姐妹以及同类人联系的，别忘了应有的频率。

“每一个不曾起舞的日子，都是对生命的辜负”

针对防控期间出现的

叶培贵到基层送书法

一些谣言和不良言论，叶培贵则在第一时间给学生们提出要求：不得转发任何非官方信息，可以交流心得，可以相互安慰。

“我告诉他们，信心是参与防疫防控的心灵力量……”

他的学生们返校后，见到叶培贵说的第一句话是：“老师，这场疫情让我们对国家概念的认知得到了前所未有的升华。”

叶培贵当时听后频频颔首，笑而不语。他对我说，疫情暴发后，全国人民齐心抗疫，迅速、有效地控制了疫情传播。这种突发的反作用力说明了什么？说明了要相信国家：

“我就是想让学生们通过这次疫情会更加凝注于‘国家’两个字。”

作为北京市和海淀区两级人大代表，大疫之下，叶培贵也没有忘记自己的责任和使命：“‘积力之所举，则无不胜也，众智之所为，则无不成也’，虽然我没有办法到一线冲锋陷阵，但是我可以‘宅家抗疫’。”

大年正月初六，叶培贵就敏锐地意识到疫情当前百姓最为关切的是疫情信息的透明度以及发布时效，所以向北京市人大提交了《关于市卫健委就新型冠状病毒防控情况建立专报平台的建议》，当天就得到回复，肯定了他的提议；此后，他先后提交了《关于紧急统筹政府微信公众号加大信息公开透明度和传播力的建议》《关于再一次要求北京市卫健委增强信息透明度以避免更多谣言产生的建议》《关于紧急提升生活服务场所的消毒和服务人员的防护措施的建议》《关于紧急出台措施协助社区一线工作人员防寒抗疫的建议》《关于返京人员 14 天隔离措施如何落实的建议》《关于近期防疫工作中针对不同人群精准施策的建议》等 20 多条建议意见。

2 月 14 日，大兴区社工工作方面的一位负责同志一早就告诉叶培贵：

“（您的建议）正在响应落实中……昨晚我们又给各岗配了棉衣、雨衣、帐篷，只是没想到雨鞋，班按照一日三班落实的。大疫当前落实贵细！您的建议很接地气。”

揭牌仪式

2月25日，国内疫情总体上被控制，然而海外疫情开始蔓延，叶培贵又提交了《关于迅速采取措施谨防新冠肺炎从国际上反向输入北京的建议》，提出无论是国内返京还是海外返京，都应该一视同仁，隔离14天。3月3日北京市政府发布规定，凡是从韩国、意大利、伊朗、日本等疫情严重国家经北京口岸入境的，目的地是北京的，不论是中国人，还是外国人，都要实行隔离观察。北京市人大代表联络室的同志告诉叶培贵："您的呼吁被采纳了。"

工作中

九三学社是我国八个参政党之一。作为九三学社中央委员，叶培贵积极建言献策，疫情期间，先后提交了《关于弘扬老科学家精神改善科研评价体系的建议》，《关于疫情防控过程中防止层层加码、过度发力的建议》《关于改善抗击新冠病毒肺炎新闻发布会上若干用词的建议》等7条建议，尤其是2月16日，有医学专家强烈呼吁必须进行病理解剖，叶培贵了解到病例解剖存在一定的法律障碍，在请教了法律人士后，他全面排查我国法律中的有关条款，通过九三学社中央参政议政部提交了《关于在法律法规中强化疑似传染病尸体强制解剖规定的建议》。

叶培贵教授还担任着九三学社海淀区委主委的工作，九三学社海淀区委拥有58个支社、2000多名社员，是海淀区参政议政、社会服务的一支重要力量。作为主委，叶培贵教授履职尽责，积极发动支社和社员投身抗疫工作。自1月29日九三学社中央向全社发出《九三学社关于积极动员全社力量共同打赢防控新型冠状病毒肺炎疫情阻击战的通知》以来，海淀区社员收集社情民意，积极建言献策，据不完全统计，通过社区委收集上报的信息已经有100多条。

2月2日，主委会决定向全区社员转发九三王选关怀基金会驰援湖北专项基金捐赠通知，发动社员积极捐款，叶培贵在通知中明确表示："九三人的捐赠平台正式开通，请大家转发给社员们。以自愿为原则，不强求，不攀比。不论多少，爱心无异！"叶培贵个人先后通过王选基金会、北京文联、北京教育工会等平台，捐赠了3万多元。据不完全统计，海淀九三社员通过王选基金会捐款34万多元，通过其他途径捐款555万多元，总计近600万元，以及防护服、消毒水、酒精等抗疫物资。

叶培贵说："上下同欲者胜，风雨同舟者兴。同心同向同行，是我们九三人的精神，海淀九三人在这方面绝不会掉队。"

2月6日，北京市委统战部决定组建心理辅导团队，接到通知后，叶培贵教授向区委统战部报送了《关于市委统战部组建心理辅导志愿团的几点建议》，希望做好防控工作、保障团员安全。2月23日，市委统战部和区委统战部发出民主党派成员对接社区的号召后，及时与统战部、社市委有关领导沟通请示，就党派成员对接社区过程中跨单位、跨社区等问题进行了讨论，形成了较为一致的意见后，紧急召开网络主委会，起草并向各支社下发了《九三学社海淀区委关于响应市委统战部要求发动支社和社员进一步参与新冠病毒肺炎疫情防控工作的通知》，推动了这项工作的有序开展。

当然，叶培贵所说的"宅家抗疫"并不是闭门不出，作为北京首师大社区的一名常住居民，叶培贵第一时间报名参加了社区防控值守。回忆起值守的事儿，叶培贵说："一起过年，一起抗疫。今年年味儿很特殊，它融入了责任的味道、人情的味道，还有大国担当的味道。"

我了解到疫情期间叶培贵曾自费购买慰问品，和八里庄街道的相关人员一起到美丽园、水云居等其他六个社区进行慰问，也曾主动联系五道轩茶馆，代表九三学社海淀区委和九三学社首都师范大学委员会，向社区值守人员赠送茶叶和其他慰问品，就想了解一下具体情况，但叶培贵说这都是分内小事，不值得一提，还是说说他自己从事的专业吧。

叶培贵1994年硕士毕业留在首都师范大学工作，教授书法，诗词也是他的兼擅。真善美是他艺术作品不变的主题。在整个抗疫过程中，诗书成为了他的利器：

1月29日，武汉市书法家协会响应中国文联的号召，举办《众志成城、万众一心、夺取胜利——武汉书法篆刻网络媒体展》，叶培贵第一时间创作了"迩安遐遂"参加展览；1月30日，应邀为中央数字书画频道"心手相牵美善不息——书画频道携手艺术家共同阻击疫情特别活动"创作《福缘善庆》，参加展播和义卖。此后，北京文联、贵州印江、《中国艺术报》、首师大书法院、中国书协、《书法报》、《美术观察》、北京市政协、北京九三市委、清华美术基金会等机构纷纷约稿，有的是为主题网络展创邀作品，有的是为义卖征集作品。不论什么用途，只要是为了抗疫，叶培贵总是第一时间认真完成。初步统计，包括赠送社区工作者的作品在内，叶培贵教授为抗疫工作创作的书法作品，超过了30件。

"疫无情，人有爱；与江山，同气概"——是他为首都师范大学中国书法文化研究院的网络展书写的作品，《中国艺术报》《团结报》《现代教育报》等纷纷转载。

“瘴风江海漫，九域起同仇。纵是烟尘恶，凝心共载舟。”——是2月9日，他应中国书协之邀，以“全民抗疫”为主题，为“防控疫情万众一心主题书法网络展（三）”创作的作品《同仇》。抗疫第一阶段结束后，国家博物馆举办抗疫书法展，他又书写了这首诗参加展览，国家博物馆已经致信叶培贵，准备收藏这件作品。

“德馨绛帐。”——是他对首都师范大学社区居委会的赞美，因为他觉得在居委会一班人的组织领导下，首都师大的老师们感到了家的温馨。

“得天”“善庆”“德馨”“行健”“致祥”“康宁”“弘义”“兴仁”“鸿福”“凝瑞”——是他为首都师范大学社区义务值守群众所写的十幅作品。

“平安是福”——是他为周边几个社区值守人员手书的几十张作品。

……

这每一幅作品，都饱含着叶培贵的匠心：“有些作品，我都选用大幅，便于略加挥洒；之前，我不怎么用楷书，但今年很多次用了楷书，因为楷书更有利于公众的接受……”

“从武汉疫情暴发，病毒传播迅速，但是，我想让大家看到，爱和希望比病毒蔓延得更快。”从首都师范大学社区居委会书记徐惠话里，可以看出叶培贵这一朴实愿望得到了实现，她说：“叶培贵老师的字对大家是非常大的鼓舞！”

2月21日，一些文艺工作者在抖音上发起“我想对你说”活动，从来不用抖音的叶培贵教授也开通了抖音：“将近4万名的医护工作者和专家从全国各个省市集结，支援湖北抗疫工作啊……我只有感动……我想给他们说句话送祝福……”

叶培贵手书一首五言绝句作为赠语，在抖音上祝福白衣天使们：“得岁香如故，凌波不畏寒。一枝春共好，日日报平安”。

数万名医务工作者看到了他的祝福。

从抗疫战斗打响直到现在，平时就勤于笔耕的叶培贵，虽然像他自己所说的，宁静的心态被打碎，诗思经常难以延续，但所作诗词也有一二十首。这些诗作，题材多样，有的咏节气，有的咏风雪，有的咏生活，但不论哪一种题材，在立意上总是与抗疫有关，没有一首是吟风弄月的，更没有一首是局限于一己的闲愁逸趣的：

“已是春将半，无花有瘴烟。浓愁似飞雪，飒飒管城前。”——是写疫情初始时他的焦虑；

“豪芒如有用，敢亦扫昏埃。何必同飞雪，凝愁入砚台。”——是他联想到武汉前线，深感书生在这一刻的无用。

《美术观察》杂志开辟专栏“疫情无情，诗书系情”，第二期就刊载了叶培贵手书的上面这两首诗歌，他在创作手记中写道：

“前人讲，风声雨声读书声声声入耳，而现在却是微信短信网站信信信入眼，而国事家事天下事事事关心也主要地聚焦于疫情了，这个春天将因此而永远留下特殊的记忆……”

的确，2020年的春节、元宵节相较于我们以往的每一个乃至以后的每一个春节、元宵节都是独一无二的。她少了许多欢愉的节日气氛，少了许多欢庆的节日活动，少了许多期盼已久的相聚，但是多了一份责任，多了一份担当，多了一份感动。现在，这场防疫战已经远去，在全社会的努力下，疫情已经逐渐好转，全国各行各业有序复工，社会逐渐恢复生机勃勃的景象，但疫情防控工作仍然还面临着诸多的挑战。

身兼多种角色的叶培贵也仍然在路上。

叶培贵的书房到处都是书柜，使得整个空间显得狭窄拥挤，门楣上方端端正正地挂着“予山石舍”的牌匾。叶培贵说，这个斋号是恩师欧阳中石先生所赐并亲笔题写的：

“‘他山之石，可以攻玉’，那么，‘予山之石’呢？我认为先生是以此告诫我，要更加谦虚……这也是多年来我的行为准则……”

走出予山石舍，我脑海里一直回荡着读书、教书、临帖、过日子等词汇，但这些都不符合叶培贵，他虽一介书生，蛰居斗室，却虚怀若谷，心怀天下，大疫之下，为抗疫助力，为时代铭文，位卑未敢忘忧国。

尽管叶培贵自己“联想到武汉一线，深感书生在这一刻的无用”，但我们深信，因为角色不同，贡献的方式也不同。叶培贵深感的“无用”，实际上在他自己的努力下，已然是抗疫工作中非常“有用”的一分力量。而不正是因为有许许多多这样的力量的参与，我们才取得了这场特殊遭遇战的决定性胜利吗？

众志成城，共克时艰。

希望的火苗于冻土之下熊熊燃烧，细微之处隐藏着春暖花开冰面破裂的巨响，布衣之下流淌着滚滚热血，悄然凝聚着震撼人心的力量。

繁星闪烁，点缀星河，共同耀亮了长空。

叶培贵：首都师范大学中国书法文化研究院教授，博士生导师，九三学社中央委员、北京市人大代表、中国书协理事、北京书协副主席。曾获得第四届“全国中青年德艺双馨文艺工作者”称号。

6. 在爱中守望

——记中国基督教协会副秘书长、北京市基督教教务委员会会长、海淀区基督教三自爱国运动委员会主席、基督教海淀堂主任牧师吴伟庆

文/梁利萍

题记：2020年年初突然袭来的一场新型冠状病毒疫情从武汉出发，迅速在全国多个城市和乡村蔓延开来。疫情来势汹汹，暴虐又诡异，我神州大地深受其扰害之苦。这次疫情是对全国人民的挑战，是对所有人生命的挑战，是对国家经济、国民个人生活的挑战。在这样一个特殊的时刻，基督教会积极响应国家号召，通过自己的方式在进行日常宗教活动的同时，也和全国人民一起投入到抗击疫情和防备疫情的各项工作中，筹备物资，捐款捐物，参与志愿者服务……由于基督教的特殊性，当疫情在世界许多国家蔓延之时，教会还架起了中国与世界沟通的桥梁，互通有无，将爱与友谊传递，建立起彼此间的信任与关爱。

中关村创业大街东侧，彩和坊路9号，一栋超凡脱俗的白色建筑拔地而起，钟楼高耸，承天接地，主楼形体简洁、线条流畅，193根洁白的立柱鳞次栉比，如一本打开的《圣经》。几乎与主堂等高的白色十字架，上下左右撑立起阔大的堂门，与钟楼顶端的十字架两相呼应，浑然一体。这，就是基督教海淀堂，静立于科技、教育、商业世界中，独特又神秘。

每日晨更，每周礼拜，庄严神圣的赞美诗在教堂响起，信徒们虔敬、真诚地祷告，为自己，为弟兄姊妹，为大众，为社会，为国家环境，为世界和平。然而，2020年年初突然袭来的一场新型冠状病毒疫情从武汉出发，迅速在全国多个省份蔓延开来，致使公司停摆，学校停课，公共场所闭门谢客，公众聚会戛然而止……基督教海淀堂作为一处重要的大型集会场所也毫无例外地关上了大门。但海淀堂并未因此沉默，它通过自己的方式在进行日常宗教活动的同时，也和全国人民一起投入

到抗击疫情和防备疫情的各项工作中。那么，作为宗教组织，基督教海淀堂在这个特殊时期是如何融入世俗事务中，如何践行信仰中的爱呢？在我国战疫初步取得成果的9月初，笔者走进那栋纯洁而神秘的白色建筑，拜访中国基督教协会常委、海淀堂主任牧师吴伟庆。

办公室窗明几净，午后的一抹阳光驻足在椭圆形办公桌前的棕色皮沙发上，吴伟庆面带因信仰而特有的慈爱祥和，目光睿智、自信，举手投足间干练又颇具绅士风范。

访谈开始，时针倒转至2020年1月24日。

与国同在

疫情来得势不可当，从国家到社会各行各业，再到百姓个体都无所准备，突如其来的困难和全新的挑战山一样落下来，这无论对国家还是个人影响都是巨大的，对教会也并无例外。

为了认真执行国家“最大限度减少公众聚集性活动，避免聚集性疫情发生”的防疫措施，海淀堂所有的宗教活动从1月24日起按下暂停键，这一停就到8月底。回顾全世界的教会历史，除了战争、大型自然灾害使教会敬拜略有停顿，史册中并无显而易见的长时间教会敬拜停止。北京教会活动尽管在2003年因“非典”停止过，但仅有短短不到两个月时间，影响微乎其微。而这次的停顿长达8个月之久，直到现在也没有完全恢复正常。除了敬拜活动，教会的所有行政活动都主动叫停，无论到教会的弟兄姊妹家中探访，到医院探望病人，还是大聚会小聚会也停下来。所有这些，对于基督徒的信仰生命来说影响是巨大的，令吴伟庆感到欣慰的是，在教会中没有听到任何不解或抱怨。和全国人民一样，对于特殊时期的封闭措施，大家都非常理解，也非常支持。

就在一衣带水的邻国，个别教会没有遵从社交距离，因为一个人不幸感染了新型冠状病毒，教会没有采取封闭措施，仍旧进行大型聚会、祷告会，以致传染了几千人，这不仅给世界上了一课，实际上也给中国教会包括海淀教会上了刻骨铭心的一课。吴伟庆说，基督徒应该反思，当国家面临重大灾难的时候，无论人为的还是自然的灾难，基督徒应该和国家的大多数民众一样，遵守国家法律法规，行使好公民责任，严格按照防

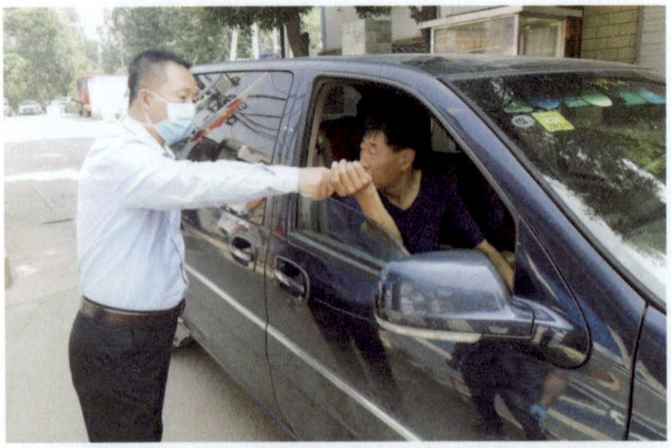

5月28日，吴牧师前往社区，身体力行保证防疫工作

疫、抗疫要求做事。

这次疫情不仅是对我们国家执政者的挑战，也是对全国人民的挑战，是对所有人生命的挑战，对国家经济、国民个人生活的挑战。作为信仰上帝的人应尽上一个基督徒爱的本分，响应国家号召，跟全国人民一起参与到抗疫中去。

6月10日，吴牧师前往门头沟教堂检查复堂工作

是的，教会有神学上的使命，如传福音，信靠上帝；也有社会责任，这个社会责任就是将耶稣在《圣经》所教训的爱在人世间体现出来，实践出来。

吴伟庆说：“基督徒在整个疫情当中，全国也好，北京也好，海淀也好，我们在实践基督背负十字架、钉十字架的这种重担。”疫情一开始的突然暴发，实际上海淀堂并没做好准备，社会各行各业都没有做好准备，不知道未来，而且也不知道有这么大的规模。海淀教堂由于是大型人群聚会的地方，在2003年非典之后就对大型社会情况做好了准备，所以在疫情刚刚开始的时候就购买了4000个口罩。很快，国家、北京市的各种封闭措施推出来，要求大家都戴上口罩，可这时候口罩却买不到了。当得知方方面面尤其是政府的工作人员必须下到街道、社区去，下到一线，把自己暴露在疫情中，风险非常大，海淀教堂马上通过海淀区统战部把3000个口罩捐了出去。那时候的许多工作人员下沉街道而没有口罩，这3000个口罩的及时补救一下子解决了非常大的困难。

“而且我们捐出的口罩非常好。”吴伟庆补充道。

整个社会在关闭，但是民生还要继续，老百姓还要吃饭，大型商场尤其是菜市场还要开门。进入商场就要测体温，体温枪很快就不够用了。了解到这种情况，吴伟庆积极地同社会各界联络，海淀堂的同工们也跟南方一些厂商联络，想尽一切办法购置了两台大型红外体温测量仪，捐给海淀区统战部，统战部又捐给了翠微商场和双安附近的物美超市，解决了测温问题。

受疫情影响，各个教会经济状况都非常紧张，即便这样，在北京市民委发起的全市为湖北地区捐款活动中，北京市基督教捐款249万元，海淀教堂第一时间捐款10万元。吴伟庆说：“有这样的信仰基础，社会义务当尽。也通过这样的事情，我们向社会，向党和政府来表明，我们是这个国家的公民，当国家需要的时候，我们会尽义务和责任。”

基督徒个人也各尽所能地参与到防疫中。海淀教会的许多弟兄姊妹以个人身份

7月1日，北京市宗教文化研究会为北京基督教两会捐赠防疫物资仪式在海淀堂举行

参与到社区的志愿者服务，吴伟庆也作为志愿者去到小区门口值守。也是因为这次疫情，海淀教堂的所有牧师和同工共30人加入了志愿者协会。

其实积极融入社会，在社会中践行爱，是海淀堂一贯的作风。吴伟庆说，下周他就要和海淀区民委领导一同去河北赤城。赤城是海淀区的帮扶对象，这些年海淀堂一直在为赤城销售土豆、鸡蛋等农产品，两万斤鸡蛋一个月就可以销售尽净。这样的销售活动一年有很多次。因这次疫情，交通处处受阻，赤城大量农产品积压，各种各样的东西卖不出去，只能通过网络售卖。得知这种情况，吴伟庆联系了赤城有关人员，要到网站地址，教会一下购买了十几万元的物品。教会中年岁大、有困难的弟兄姊妹，过去在教会做义工、对教会有贡献的弟兄姊妹，教会把这些名单集中起来一共有几十位，然后将买来的货物直接搬到他们家里，既帮助了赤城人民也帮助了教会的弟兄姊妹。这样的活动疫情中海淀堂做了数次。

通过这样的方式奉献，在疫情最高峰的时候，海淀区的基督徒发挥了爱国作用，基督徒也非常认可。

吴伟庆说，“因为爱，基督为我们钉十字架而死，我们也要在这个世代献出我们的爱，就是我们在这个过程中要做非常具体的事。我们基督徒从历史到现在，从《圣经》到我们的个人生活，贯穿始终的就像耶稣所说的那样，‘如今长存的有信、有望、有爱，其中最大的就是爱。’这是耶稣的教导，也是教会2000年来贯彻始终的社会宗旨。”这次疫情中，基督徒首先把自己当做是国家的公民，一个在生活上有责任的人，一个应当尽义务的基督徒，从责任和义务来体现出爱。

国际桥梁

由于基督教的特殊性，当疫情在世界许多国家蔓延的时候，教会架起了中国与世界沟通的桥梁，不仅互通有无，还将爱与友谊传递，建立起彼此间的信任与关爱。

疫情来势汹汹，暴虐又诡异，神州大地深受其扰害之苦，一时间各种防疫物资极度短缺。比如必须的体温检测工具——手持式和大型屏幕的红外检测，药铺里有那么几个一下子就都消化掉了。在这种情况下，解决防疫物资短缺是重中之重、急中之急。吴伟庆有海外留学经历，在加拿大温尼佩格大学取得教牧学硕士学位，在美国富勒神学院取得教牧学博士学位，因此与海外教会和一些民间团体建立了联系。

关键时刻，吴伟庆马上联系海外所有可以联系到的关系，向他们求助。很快，那些心系祖国的海外华人和关爱中国的海外教会、团体行动起来了。毕竟疫情来得突然，就算在疫情还没有暴发的海外也不可能大批量买到国内急需的防疫物资，于是华人们这家药铺买一点，那家商店购一些，凑在一起寄来好几箱物资。海外的教会、基督徒个人前后寄来三批防疫物资。看着眼前的口罩、体温枪、消毒液、手套……吴伟庆非常感动，尽管跟需求比起来还远远不够，但这其中浓缩着海外赤子的拳拳爱国之心和国际友人的真情。海淀堂只留下极少部分物资以备教会应急之用，将绝大部分捐给了区政府、统战部。吴伟庆说："那时候教会已经关闭了，不需要太多物资。我们自己留下的还捐给兄弟教会一部分。防疫物资应该送到最需要的地方。"

在全国人民的共同努力下，不久之后，疫情在我国得到了相当程度的控制，而此时，病毒在海外尤其是欧美肆虐开来。吴伟庆并没有因为国内情况的好转而松下心来，他一边继续为国内防疫奔波，一边将目光投向了海外。吴伟庆的女儿在美国俄亥俄州读书，当美国疫情越来越严重，几乎也买不到防疫物资了。他第一时间联系了海淀区统战部，统战部得知情况，马上准备了"爱心包"，将我们的防疫物品寄给海外的亲人和朋友。这件事在当地产生了极大的影响，对海外教会影响也非常大。病毒没有国界，爱心更要没有国界，"岂曰无衣与子同裳"的内涵与践行拉近了地理和文化的距离，上帝的爱不分彼此。

在美国俄克拉何马州有一个教会，他们的牧师曾经来过北京海淀，与吴伟庆相识，且有书信往来。当美国的教会也无奈关闭之后，那位牧师写了很多信给吴伟庆，询问中国教会在关闭后都采取了哪些措施，采取了哪些牧养信徒的方式，他说："我们要学习，我们要借鉴。"吴伟庆一一详尽回复，告诉他我们的教会都做了哪些工作，以此对大洋彼岸的教会提供帮助。

在吴伟庆读博士的美国华盛顿州和他女儿读书的俄亥俄州，也有部分教会与他有联系。8月中国的抗疫基本得胜，中国的教会慢慢开放了，海外教会开门还遥遥无期。吴伟庆作为北京市基督教两会会长，手上有很多可以给到国外的教会活动照片，他将这些信息发给美国的一些教会，因为那些教会也非常关心中国教会情况，时刻想了解中国的教会有没有恢复开放，中国的疫情怎么样了……吴伟庆通过照

8月18日，海淀堂迎接海淀区各个部门联合检查复堂工作

片和文字把真实情况都如实地告诉了他们：中国的疫情控制住了，我们中国的教会在慢慢开放。吴伟庆说："目前为止我得到了一个信息，其中有些牧师告诉我，他们预计教会初步开放是在 12 月 16 日，因为他们现在疫情严重，没有办法。"看到中国教会因为疫情得到控制慢慢恢复，那些教会特别羡慕，他们感到中国教会这种管理办法非常好，并认为中国政府采取的措施是对的，以最快的速度控制住了疫情。

教会就这样架起了与国际沟通的桥梁，在互相帮助的同时，将中国的真实情况展现给海外，让国外对中国有一个真实的了解，减少误解，让他们不仅看到教会的开放，更可以看到中国政府采取的措施、方针是正确的，我们的党和政府是关心人民生命、以人为本的。

爱中守望

如今，中国的疫情已经控制住了，世界各国的疫情也在减缓。虽然病毒的源头还在探寻中，但我们知道疫情至少是人与自然不十分和谐导致的一次人类社会的灾难，这值得整个人类来反思。

"作为一个信仰上帝的人，您怎么看待这次疫情的发生呢？"我问。

吴伟庆说，作为一个基督徒，应该认识到由于我们不能够尊重自然，不能够尊重上帝的创造，导致产生很多人类的灾难，这些都是给我们的教训，今后我们应该更加尊重上帝所创造的自然，更加去追求与自然、与人的一种和谐、和睦的关系。是啊，习总书记特别地强调我们国家的环保理念。环保当然也包括人与自然的关系。过去我们说人定胜天，现在我们追求人与自然的和谐。"绿水青山就是金山银山"，这其实就是人与自然的和谐关系。疫情的到来也是告诉我们应该追求一种恬淡的、简单的、适度满足的、对大自然不要过度索取的生活方式。

教训之外，疫情也让教会、信徒更加体现出爱心来。国家有难，人民有难，基督徒没有也不能够独善其身、置身事外，他们积极参与到国家的抗疫中来，因为他们知道，基督徒生活在这个社会中就要为这个社会尽责。

我们看到了曙光，但战疫胜利的号角仍没有吹响，现阶段的首要社会责任就是保持社交距离，珍惜已取得的成果。海淀堂会继续将聚会人数控制在能力线以下，至少在教会中间不出现疫情，不为社会增添麻烦。当然海淀堂也会为国家祈祷，就像过去一贯为国家祈祷一样，祈祷神赐予各样的能力保守我们国家的政府、工作人员有健康的身体，和全国人民一道早日在这场战争之中得胜。吴伟庆说，从疫情开始到现在，海淀堂在网上有祷告小组，有团契，也有个人在祷告，这个祈祷是始终在的，每天都进行。祈祷是多层面的，每礼拜的聚会其中一个重要内容就是必须为我们国家的防疫、抗疫献上祈祷，也保守我们国家的工作人员，因为他们从疫情开始到现在基本没有休息日，一直忙碌在第一线。吴伟庆和海淀堂的其他牧师也在祷告，祷告自己无恙，祷告教会无恙，祷告我们国家的工作人员健康，早日拿出好的措施，祷告我们国家党和政府在整个疫情的领导当中能够得胜。

8月23日清晨，海淀堂疫情期间恢复的第一个主日礼拜，吴牧师带领海淀堂教牧同工举行升旗仪式

党和政府做了很多工作，才有了今天疫情的基本稳定，这是一个阶段性的胜利，足以说明我们国家的政策方针是行之有效的。吴伟庆说："所以我们基督徒也好，普通民众也好，在与政府的关系上应该是相信、拥护和支持。"

吴伟庆的言辞和神情饱满而笃定，对国家、社会以及教会的未来都充满希望。一个小时的交流，不知不觉间已被他的阳光、明朗感染，心间灿烂起来，愿意与他一样心中充满信、望、爱，为国家、为社会有所担当。

光影挪移，我们的采访已近尾声。问起对今后的期望，吴伟庆目光中写满振奋："海淀教堂坐落在海淀区是非常幸运的，海淀区在北京市的各项工作当中都是名列前茅的，这样实际上为我们海淀区的基督徒、海淀教堂参与到各种工作中来提供了很好的平台和渠道。我们愿意借助海淀区更好地发挥作用，更好地彰显基督徒的爱心。当我们遇到困难的时候希望一如既往地得到海淀区的关心、帮助，也希望党和政府给我们提供更好的平台和渠道，让我们参与到社会的各种各样的爱心侍奉当中，来尽好自己的责任。"

辞别吴伟庆，走出海淀堂，正赶上一场太阳雨，那栋白色的建筑愈发静谧、神圣。吴伟庆的许多话语在我脑中回放，抬头看那高耸的钟楼，看那钟楼之上的蓝色天空，——雨还在下，阳光灿烂如常。

吴伟庆牧师出生于1964年，祖籍山东蓬莱，先后求学于南京金陵神学院（本科），加拿大温尼佩格大学（教牧学硕士学位），美国富勒神学院（教牧学博士学位）。曾担任中国基督教"两会"驻宁办事处海外联络员，燕京神学院教师、院牧，2001年至今担任北京市基督教会海淀教堂主任牧师。现任中国基督教协会常委、北京市基督教教务委员会会长、北京市燕京神学院副院长、北京市人大代表、北京市海淀区政协常委、北京市海淀区基督教三自爱国运动委员会主席。

7. 殷强：传承文化　播种文明

——民进区委副主委、中国人民大学新闻学院殷强教授抗疫掠影

文/肖　娟

题记：殷强，编审，留日博士，中国人民大学新闻学院教授，博士研究生导师，海淀区党外知识分子联谊会会长，中国人民大学归国华侨联合会主席、归国留学人员联合会理事长、华侨华人研究中心主任、民进海淀区委副主委、海淀区政协常委。中国高等教育学会理事、中国高等教育学会摄影教育专业委员会副主席、全国高校摄影联合会副主席、北京市高等教育学会理事、北京高校摄影学会会长、全国照相机械标准化委员会委员、中国侨联委员、中国华侨摄影学会副会长。被授予“中国人民大学十大教学标兵”称号，中国摄影教育最高终身成就奖“红烛奖”获得者。2009 年、2013 年先后获国务院侨办、中国侨联授予的“全国归侨先进个人”“全国侨联系统先进个人”称号。

秋天的清晨很是清爽，碧空澄净，田野里的雾气笼罩着郊外的树木、房屋，有一种娴静的美。9 月 19 日这天清晨，我跟殷老师同乘一辆车去郊外参加民进海淀人大支部活动。殷老师一边开车一边回忆疫情期间的点点滴滴，我开着手机录音功能，断断续续录了一个多小时，算是有了一次面对面的交流。

殷强会长主持海淀知联会首届稻香湖论坛

一切行动听党指挥

2020 年的春节比往年早，元旦过后，全国人民正春风满面筹划阖家团圆，中国侨联和中国华侨摄影学会原计划在 1 月 24 日下午举办

2020 年迎新春联谊活动，这是对港、澳、台侨胞一个重要的统战平台。会议通知已经下发，各项工作都已准备就绪，可这场突如其来的新冠疫情阻断了人们的脚步。

组织知联会向红创空间捐赠疫情防控物资

1 月 26 日，北京市政府启动应对突发公共卫生事件一级响应机制，随后海淀统战部号召民主党派下沉社区，做好基层社区的疫情防控。殷老师立即联系曙光社区的同事，联系民进海淀育英支部的各位同仁，戴上志愿者的红色袖章，别上执勤的胸卡，冒着早春二月的严寒进入曙光小区了解居民、老百姓的需求。小区里的一些老人其亲属子女因疫情原因无法回家，殷老师得知这些情况后，多次叮嘱执勤人员一定要照顾好这些空巢老人生活起居，将菜蔬、生活日用品送到家门口。自己吃饭时也会给老人发送一条微信，问候老人今日有何需求，吃饭了没有，买的菜送到家否？面对疫情这场“大考”，殷老师心系民众，积极履行其号召引领、凝聚人心的职责，一切行动听从党的指挥，向党和人民交上一份满意的答卷。

构建公共卫生传播防疫体系

殷老师出生医学世家，父母都是医师，他自己本人也是学医出身并有三年的临床实践，此次新冠疫情突然袭击，作为一位有医学和社会学双重背景的殷强老师立即意识到：当务之急是如何有效预防和消除突发公共卫生事件带来的危害，最大程度地减少疫情对公众健康造成的危害，保障公众身心健康与生命安全。

2003 年抗击“非典”，殷老师当时已经回到中国人民大学新闻学院任教。受学校委派，与新华社新闻研究所的同仁们紧急展开对于公共卫生防疫这一事件，世界其他国家的传媒如何传播、报道，以用作国内借鉴、参考、以及知识普及。半个月没有下楼，没日没夜的资料搜集、阅读、翻译、沟通、论证、迅速写出《国外公共卫生应对研究》这篇两万多字的论文。“当时非典疫情急迫，时间不等人，这半个月里一天睡了几小时只有自己知道。”殷强老师笑着说道。该篇学术成果可以说填补了国内这一领域内的空白，先后发表在《中国记者》与《国际新闻界》这两本核心期刊上。文章中的观点对平息人们在非典期间的恐慌情绪，配合卫生部门开展疫情的救治起到了很好的参考引领作用。2006 年 2 月，国家颁布《国家突发公共卫生事件应急预案》。

此次新冠疫情发生以来，殷老师说他一直在思考一个问题：我国地域辽阔，民族多样化，生活区域、条件差异很大，公共卫生信息的传播显然不足，在公共卫生事件领域内的应急处理与预警、预防方面缺乏经验。他语重心长地说，可以考虑成立公共卫生教育机构，构建公共卫生防疫体系、甚至设立公共卫生电影、电视频道。殷老师一直在研究公共卫生传播，他曾向卫健委、教育部、科技部建言拍摄公共卫生预防、防疫的一些电影，跨越语言，以画面的形式向全世界传播。

殷老师特别提起20世纪80年代遍布学校、街道的科普宣传橱窗，图文并茂生动有趣。融媒体环境下可利用多媒体平台向中、小学生、社区老百姓宣讲公共卫生领域的范畴、性质，指导人们养成良好的卫生习惯。平日里怎么佩戴口罩，怎样在人群中进行自我消毒？怎样在大流量、大密度的公共交通工具内避免飞沫传播？全球化经济时代，人类命运共同体势在必行，当尽心竭力担当起大国责任。言谈之间心忧天下、挂念苍生的情怀溢于言表。

彰显人民教师本色

在殷老师诸多的社会职务、头衔、身份中，唯中国人民大学新闻学院新闻传播实验中心主任、博士生导师是他本职岗位。二十年前他从日本留学归来，便在人大新闻学院新闻传播中心这个平台上勤耕不辍；殷老师知识渊博、学富五车且一专多能，以继往开来、勇于开拓的担当奋进在时代前列，将新闻传播事业耕耘得有声有色，教书育人抒写传奇。殷老师坚持为本科生上课，亲自授课《摄影概论》《新闻摄影》，年均课时量远远超过学校制定的本科教学课时且堂堂课学生爆满，课堂评价连续二十年保持在95分以上，被学生评为精品课程。

融媒体互联网时代，谁掌握了互联网、掌握了高科技，谁就掌握了世界。殷老师带领他的学生，依托新闻摄影人才专业领域的优势，积极探索大数据技术、多媒体手段，研究人类传播行为及其传播过程中如何运用符号进行信息交流。透过种种信息的背后去探究人与人、人与社会的关系。疫情期间，殷老师要求学生关注媒体声音，结合新闻传播规律，针对新冠疫情国内外发展态势，进行舆情分析，按时提交作业。疫情期间殷老师指导的学生提交研究报告（论文）500多篇，在北京高校里是最多的。

言为心声行为世范，殷老师将学生当作自己的孩子，只要有空便亲自带领学生走入社会实践，在真实的社会新闻中训练新闻敏感性、新闻工作者的专业精神、捕捉最具新闻感的镜头。身为一名黄皮肤、黑眼睛的炎黄子孙，五千年的中华民族文化基因已经融入到骨子里，要有意识把自己培养成一个德才兼备的时代骄子，积极进取不辱使命。2016年10月，殷老师应联合国教科文组织邀请，在法国巴黎发表了题为“中国传统文化在媒介融合期的影像化国际传播”的专题演讲，让世界了解中国优秀传统文化，让中国声音、中国影像走向世界。

2020年9月25日上午，中国人民大学举办了2020—2021学年开学典礼。这是一场庄重的仪式，一次青春的聚会，与会师生们怀着激动心情见证了自疫情以来的第一次盛会。有着丰富实战经验和丰厚专业理论的殷强教授又一次担任了2020级新闻传播学方向研究生班班主任。殷老师性格爽朗，很受学子们欢迎，对于班主任这一份“苦差”干得甚是欢喜。新生来校报到，他亲自驾车去北京西客站接站；亲自联系医院的朋友，为今年的新生核酸检测开放绿灯。首次班会上，殷老师发表了热情洋溢的欢迎词，祝福同学们学有所成，实现自己的新闻专业理想，报效国家。鼓励同学们发挥自身优势，参与日常管理，以锻炼和加强同学们参与公共服务的集体意识，创新高校研究生班级管理模式。

春风化雨心忧天下

身为改革开放后的第一批归侨学者，他深知华侨与祖国的命运紧紧联系在一起。一月疫情之初，国内缺乏各种防疫药品，殷老师立即向海外华侨、侨胞发出号召，积极筹集医疗物资向国内捐赠大量口罩、消毒用具、防护服支援祖国。接下来世界各地形势变得严峻，殷老师又积极服务于海外的华侨、华人，通过侨联，向海外的侨团、爱国侨胞邮送了口罩、消毒用品、莲花清瘟胶囊等，向海外侨胞传达祖国人民的关爱。

殷老师的拳拳爱国之心，体现在中国人民大学新闻学院新闻传播试验中心的课堂上，体现在公共卫生信息传播的新闻传播事业和课题研究上。疫情期间殷老师带领民进同仁育英支部的孙刚主任完成了《为什么武汉疫情看不到私立医院的身影？》《停课不停学梯度时间设计的建议》等二十余篇信息，向有关部门积极建言献策，忠实履行一个民主党派人士的担当。

8月中旬，在上海召开民进中央出版传媒界会员座谈会，殷老师向民进中央汇报了《数字网络图书馆时代》这一重要科研成果与网络期刊信息的价值。信息时代，知识传播途径方式都发生了变化，他提出疫情期间，在美国和其他一些国家，电子网络期刊霸权主义盛行的时候，中国的科研成果怎么能在更广泛的范围内进行学术交流与传播。该内容得到了积极的反馈，又一次彰显他的专业学术素养与国际视野。

人生若是注定，会遇见两种人，一个惊艳了时光，一个温柔了岁月。殷强老师如是事必躬亲，如一支红烛燃烧自己照亮别人，春耕时分，天气乍暖还寒，有春雷鸣响，我相信那一定是惊艳了时光，向殷强教授致敬！

8. 同一片大海的浪花

——记海淀区新联会副会长、小米集团副总裁尚进

文/张　越

题记： 当我们从战争岁月走进和平的黄金时代，似乎从未经历过今日这样的特别岁月——“个人命运、企业命运与国家命运夹杂在一起，我们面对的一切都是未知的，甚至是难以预测的。”小米集团副总裁尚进的话给我留下极其深刻的印象。

2020年，新冠疫情席卷全球，在这场人类与病毒的战争中，已有超过百万人付出了生命的代价。但是中国却创造了生命的奇迹，因为有无数的“逆行者”直接或者间接地参加到这场战争中，捍卫着祖国乃至全球人类的生命安全，创造了无数奇迹。

在这些战“疫”英雄之中有一个特殊的存在，他们就是涌现在全球科技创新前沿的中国民营企业。他们不仅通过自身的力量为防疫、抗疫作出了巨大贡献，还突破重重阻力，大力推动复工复产，阻断了疫情对产业链条的强烈攻击，带动了中国乃至全球在疫情冲击下的经济复苏。其中，小米集团就是科技战“疫”的典型代表。

尚进个人照

在初秋时节造访位于北京清河的小米科技园是一件很惬意的事情，虽然还需要戴着口罩，但透过厚厚的纱，仍能嗅到这座绿意盎然的新园区中偶然飘过的清风与咖啡香气。在刚刚经历过痛苦的疫情洗礼之后，人总是容易被某种久违的气息打动，格外珍惜平静生活中的人间烟火。

此行是为了采访小米集团的副总裁尚进，

小米集团武汉总部

在今年入夏，刚刚解除疫情隔离时，他向海淀区委做恢复生产情况的汇报说明，引起了很多与会者的好奇，这些知名企业和这些企业背后的员工，他们经历的疫情和我们有什么不同吗？

几次约访之后，尚进表示愿意接受采访聊聊疫情期间的小米和小米人。小米集团是土生土长的中关村企业，成立9年之后，创造了以最快速度进入世界500强的世界纪录。去年9月，雷军发微博“北漂九年，终于买房”，2万多员工有了坐落在清河的新总部。年底，在雷军家乡湖北武汉的第二总部大楼也迅速落成，据说主要是面向武汉百万大学在校生的人才挖掘与输送，为小米成立十周年的再出发，布下大局。

就在小米雄心勃勃地打造其全球布局的时候，新冠疫情不期而至。

武　汉

“我去年担任武汉第二总部园区的建设总指挥，年底刚刚把项目完成，交付给武汉团队。”尚进在采访开场就把记者拉回到了疫情刚刚暴发的那个时间点，“大家很开心。春节前的北京新总部首次全球年会，我邀请了几十位武汉同事，组了一个大团‘回家’，他们都想看看总部新家是怎样布置和运营的，很多人甚至是第一次到北京来，受到总部热情洋溢地接待。所有人一片喜气洋洋，把酒言欢，相约开春入驻时去武汉看樱花。席间有人问，听说武汉有人感染不明原因的肺炎，不会是非典又来了吧？有人乐观地回答，听消息说好像不是非典且不传染，没必要恐慌，即使是非典也不怕——毕竟我们已经有过对付非典的经验。

然而送走各地同事没几天，就在大家纷纷准备启程回老家过年的时候，小米集团武汉总经理刘国俊在2019财年最后一次视频会议上报告总部：“很严重，比想象中严重得多！可能比非典还严重！”这时候，已经有很多小米同学回到湖北老家准备过年了。尚进回想自己当时的反应是——恐惧。

小米集团刚刚完成高管的轮岗任命，王翔受命新的集团总裁，卢伟冰和尚进以总裁与“政委”的身份共同接手中国区，年轻的周受资接手国际区，年满70圆满退休的祁燕把集团管理平台交给何勇。突如其来的消息让一屋子人目瞪口呆。如果这是一场比非典还要严重的疫情，那么刚刚制定的雄心勃勃的新规划都会成为泡影，尚进当时的心情落到冰点。更严重的是，小米在武汉有那么多人，在全球有那么多人，怎么办？会不会有生命危险？事后证明的答案是——有！

1月18日晚，84岁的钟南山院士挤上前往武汉的高铁，他疲惫地靠在餐车的座椅上睡着了。有人把这一瞬间拍成照片，成为各大媒体的头条。大家终于清楚地意识到，近千万的武汉人将面对生命危险。小米的高管们此刻还不知道，武汉即将在五天之后宣布封城。

“震惊之余，我们首先想到的是武汉很可能重演非典初期的物资短缺。面对未知，我们几乎是凭借本能做了几个简单的决定，”尚进淡定地娓娓道来，“我们得立刻盘点小米商城和有品商城库存的卫生用品，待命；通知全球供应链核算我们所需足够的防疫物资供应，待命；中国区物流团队停止休假，待命！”

小米支援抗疫

小米支援武汉物资装运

那两天度日如年，小米的多支团队行动了，但完全不知道他们会面对什么样的困难和危险。尚进最揪心的是中国区的物资车辆，它们正在逆流驶向武汉，其间武汉已经宣布封城，就在大年除夕的前夜。“雷军每天都会询问事情的进展，但没有人能够为任何事情打包票。刚刚上任的何勇就是湖北人，他每时每刻都在打电话，联络行进过程中的所有情况，为车辆开道。”尚进这样描述彼时彼刻的情景，“我叫来负责物流的小伙子张伟再三嘱咐，他只是平静地说‘保证完成任务’，就好像平时一样。但我心里格外不是滋味，因为我知道，这次货箱里不是我们平时的产品，而是我们捐赠的第一批防疫物资，目的地也不是平时的某个小米之家，而是刚刚封城的疫区。”

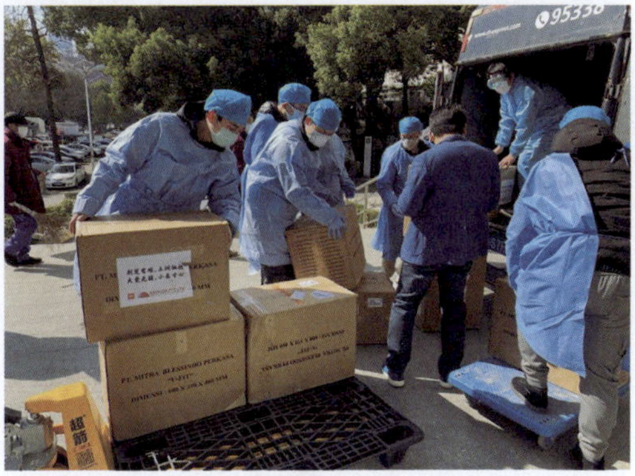

抗疫物资到达

大年初一的清晨，小米的车辆终于行驶在了寂静的武汉街道上。“虽然已经封城，武汉的物资通道还很畅通，这让我们有了信心。”尚进心里由衷地佩服我们的政府能在大灾面前意志坚强、调配有度。也由衷地感谢像张伟这样的小伙子。

据记者所知，小米是第一家捐赠物资运抵武汉的互联网企业。2020 年最初的几个月里，尚进和同事们通过各种渠道筹集防疫物资，他们借小米全球营销网络及其在渠道方面的优势，从全球购买了数批防疫物资，先后向武汉市卫健部门、定点医院，火神山医院、雷神山医院，以及黄冈、孝感、荆州等城市多次捐赠口罩、防护服等防疫物资和电子设备。

“救助武汉是我们的本能，”尚进的心声在访谈中不经意流出，“雷总是湖北人，对小米人来说，武汉又有我们很多的战友和至爱亲朋。”

此后小米又向北京市海淀区联防联控智能部门捐赠口罩、体温计等防疫物资，向小汤山医院捐赠大批电视、触屏音箱、对讲机等智能设备，向协和医院、北医三院等 10 余个医院捐赠呼吸机、正压面罩、防护服等防疫物资。

小米的捐赠与送往疫区的产品，比之以往在发布会以及在小米之家所看到的创新科技更加动人。在这背后，是雷军带头的无私与责任感。疫情最初，雷军即个人出资捐赠 1070 万元、以小米集团名义响应武汉大学校友会号召，与武大校友企业共同捐赠，装满了一架 90 吨位专机的抗疫物资，包括 20 万套医用防护服、9 万个 N95 口罩、100 万个医用外科口罩、200 万个 KF94 口罩和 10 万个护目镜等。2 月 4 日完成在韩国的采购运抵武汉天河机场。

在雷军的带动下，小米成立公益基金会，首次运作即是针对捐助武汉，把抗疫当作这个基金化运作的首仗。“我通过小米公益基金会为武汉捐助了 10 万元，我预计疫情可能是长期的，防疫也可能是更长期的工作，后面要做的事情更多。”听尚进的解释，他和他的同事们已经认认真真地把防疫捐赠当成一个长期项目来做了。虽然每一个小米人都很单薄，但他们的合力却是巨大的。虽然疫情之初，每个人内心都充满恐惧，但他们的齐心却是无比强大的。

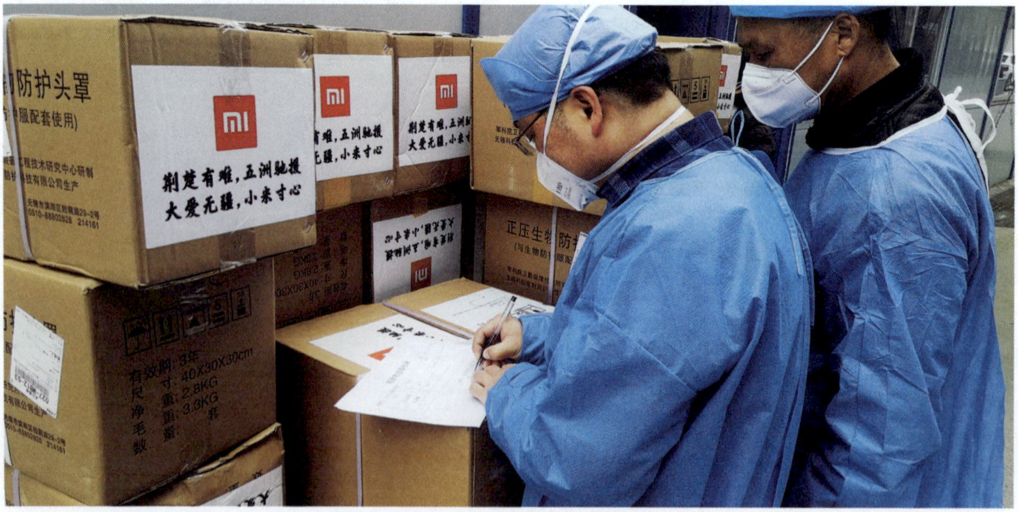

小米员工积极筹备物资

全　球

“全球供应链接到总部的命令时，觉得很为难，”尚进笑着说，“他们此前只是负责生产物资的采购，都是芯片、内存什么的，只有有品电商与生活用品的供应商之间有联系，于是时任有品电商总经理高自光当仁不让，亲自联系，从海外的口罩采购开始。”

当时虽然国内疫情严重，口罩供应极其紧张，但海外采购并没有被限制，只是利用这个机会把市场价格抬高了。其实算一笔简单的账就知道了，如果中国 14 亿人每人每天消耗 1 只一次性口罩，那么每个月需要消耗 420 亿只，什么样的产能才能满足这样的需求啊！如果小米之家持续营业的话，每天就要消耗 1 万只口罩，如果小米的生产全部恢复，相关人员每天就需要至少 5 万只。高自光是按照最坏情况打算的，他在海外市场敞开供应的最后关头下了最大的订单。“他告诉我他当时所想的是，即使员工使用保证了，但大家的老婆孩子怎么办？小米自己的保证了，我们所有的客户怎么办？客户都保证了，我们的会员用户怎么办？”尚进说，“我特别理解那个时候的高自光，没有人知道后面会出现什么样的情况，只能按照最坏情况做最保守的打算。”

幸亏高自光的保守打算，在全球疫情暴发初期，小米有了保护自己的底气。在春节期间的视频会上，高自光提了一点“自私”的想法，他小心翼翼地问能不能在保证企业自身储备的基础上，尽量保证有品电商 App 上始终能对我们的用户供应一些呢？尚进内心也有相同的问题：“我当时也有这样的焦虑，因为中国区线下渠道的合作伙伴纷纷来求救，他们都是中小型企业，他们的员工和我们共同维护着我们的品牌销售前线，在这样的时刻，他们的无助让我们感到愧疚，能不能帮助他们呢？”

临时担任防疫领导小组正副组长的王翔和何勇先表了态，“请大家相信我们自身克服困难的勇气和能力，既然我们的价值观里有一条非常重要的话‘用户是我们的朋友’，此时独善其身绝不是我们工作的最高目标。”在雷军的支持下，大家很快达成共识——尽量帮助小米所有的合作伙伴，能送就送；尽量保证小米的用户也能够买到，不追求利润，能按采购价就按采购价零售。

此后，不管市场上怎样的缺货，有品电商只要每周进口口罩到货，就有销售，一直到国内口罩供应局面彻底缓解。

尚进的讲述里没有波澜壮阔的画面，他的故事里没有一线的抗疫英雄，但让人听来却依然是细腻动人的。在这样一场考验中国、考验全球的疫情面前，鲜有人从产业或者市场角度去思考企业在关键时刻去做的选择，这些优秀的中国企业，不是以商业利益而是从自身的价值观出发去做的选择。他们没有自认英雄，但毫无疑问，他们坚持做了正确的事。

真正解决口罩供应的，是五菱宏光和比亚迪这样的大型汽车企业开始量产口罩。说来神奇，汽车生产中涉及车载空调系统，恰巧覆盖口罩的生产材料及工艺，在汽车企业这样强大的生产管理能力之下，成千上万只口罩被批量生产出来，这使得我们不再担心疫情的持久性和长期消耗。直到此时，尚进才终于舒了口气："我们终于不再分分秒秒地焦虑与恐惧，面对疫情我们有了战斗的本钱。"

"比亚迪是我们的长期合作伙伴，双方都建立着长期合作关系。这使得小米供应链的同学们很自豪，他们说等饭馆能开张之后，我一定得请他们吃个饭。"尚进的状态也越来越放松，"他们从来没有想过自己的工作能发挥这样的作用，中国的全产业制造真的太牛了。"

此时，中国国内的紧张情况已经略有好转，欧洲的疫情却呈现暴发趋势。

一直在欧洲的国际区总裁周受资向总部求援。周是新加坡华人，他从海外媒体上看到的都是中国疫情有多么严重，但从总部防疫的信息来看中国是有能力战胜疫情的。他问了一个简单的问题：如果小米同样向海外的用户或者医疗机构捐赠防疫物资，会不会引来不必要的麻烦？

"他这么一问，我们还真的愣住了。自从疫情暴发以来，我们内心都把这场天灾当作所有人共同需要面对的挑战，而且在疫情初期我们也曾收到过海外的捐赠，确实没有想过谁是不应该被帮助的。"尚进说的时候，记者也陷入沉思，是啊，面对全球共同挑战的时候，我们虽然秉承着普世价值观，但如果说抗疫如同战争，那么防疫物资更像是战略资源，可否轻相赠予呢？

为了保险起见，小米还是慎重地咨询了相关部门。"有关部门的答复和我们期待的一样，中国政府和人民对于受疫情威胁的国家与民众，都抱有同情的态度，一视同仁。只要不违反国家法律和当地法律法规，捐赠是没有问题的。"小米的国际区同事也松了一口气。

3 月 6 日，小米向意大利捐赠了第一批防疫物资，国际部的薛国颂同学在集装箱上的贴纸上画上了两国的国旗，还特意用意大利文加了一句话："Siamo ondedello stesso mare, foglie dello stesso albero, fiori dello stesso giardino."翻译过来就是："我们是同一片大海的浪花，同一棵树上的树叶，同一座花园里的花朵。"这是古罗马哲学家塞涅卡的名言。这批物资被当地媒体拍摄并在多处援引，一时间成为风尚，后来在国内《新闻联播》的报道中也特意展现了这张照片。中国企业的善意，在当时纷繁复杂国际舆论环境中，为我们的国家形象加分颇多。为了这次采访，尚进专门去国际区统计了一下，小米先后向西班牙、法国、韩国、日本、印度尼西亚、印度和俄罗斯等疫情严重的国家捐赠物资超过 36 万件，其中日本和韩国并非小米的主要市场。在全球的小米员工为自己公司的努力及责任感感到骄傲，他们分属不同国家，但他们为自己是一家中国公司的成员感到骄傲。

虽然在疫情面前，所有的企业都在承受巨大的商业损失，特别是制造业和零售业，但这些企业和个人，这些普普通通的人们，还是用自己的行动汇聚成了巨大的力量，在中国，以及在全球的抗疫过程中发挥了巨大作用。2020 年 1 月至今，小米集团及员工在国内及海外累计捐款捐物价值超过 8000 万元。

复　产

“春节那段时间，所有员工都是在家里办公，人在家里待的时间越长，越有一种出门的恐惧，我也是。”回忆起艰难的复工，尚进记忆犹新。

在经过了最长的春节假之后，小米讨论何时恢复园区办公？

首先作为高管，尚进和在京的高管先回到园区上班。“最初是楼里只有一个人，基本上还是通过视频会议在工作，因为其他人还是只能远程办公。但高管来公司办公，表示我们有必要克服恐惧，恢复生产。”

“为了保险起见，我也和家人孩子分开住，他们全部在父母家里，我独自上班、下班，独自回家做饭，开视频会。把这个叫作‘隔离式上班或者上班式隔离’。好在我是个擅于做饭的人，很快把冰箱里储存的食物做完了。但走出家门，内心实际上平静了很多，也敢进超市大肆采购一番，每天做好自己的饭菜，发图片给家人，既是让他们放心，也是对自己的一种鼓励。”

小米虽然是互联网企业的风格，但其产品需要实验室测试，需要工厂制造，需要通过大社会的分工协作，比一般的互联网企业困难得多，完全的远程办公解决不了问题。但此时网上的舆论还是比较保守的，恐慌情绪并没有过去，让几千人恢复办公非常困难，特别是湖北的同事、海外的同事，即使回京也需要隔离而不能立刻上班。尚进说：“讨论来讨论去，我们还是发出一个只能算是号召的通知，希望所有同学克服困难，尽快恢复办公，力保我们的新旗舰手机——小米 10。”

比我们预想的要顺利，大部分人走出家门，在层层保障下入园办公了。更多的人要接受 14 天的隔离，才能入园工作，但是为了尽快恢复正常工作，大家甘愿接受隔离。小米在科技园附近常年租下几十个公寓，用于外地员工暂时在京工作使用。现在全部腾出来作为隔离区，先后有几百人接受了隔离再上班的煎熬。疫情之下人人平等，周受资从欧洲回来，林斌从美国回来，都在小屋里“蹲”满了隔离期。

总部的办公可以大部分恢复，但是产品生产制造环节的复工复产，是更大的挑战。

按照产品计划，小米10发布在即，如果推迟生产和发布，对小米全球的供应链合作伙伴会是巨大打击。来自全球上千家上游供应商的元器件，已经到货的都堆积如山，还没有发货的则天天打电话询问我们什么时候可以接收。

“我们有必要克服内心的恐惧，尽快恢复生产，哪怕暂时不能销售，也不能再让全链条停摆，停摆时间越长，恢复起来就越加困难。”尚进说，“可是，南方工厂的工人已经全部回乡，很多村镇甚至不允许本村人外出，召集产线人员复工，不是一则复工通知就能解决的。”

就在这时候，刚刚圆满退休的祁燕自告奋勇去南方召集工人复工。“我听到这个消息都惊呆了，祁燕老师70岁了，我们都亲切的叫她祁大姐，但其实她和我妈妈是同龄人，怎么可能在这个时候横穿大半个中国去逐村逐镇地号召复工呢？”在尚进敬佩与担忧交杂的情绪里，我们被这位70岁的奇女子深深打动。或许这就是对中国的企业家精神最好的诠释。

雷军坚持让何勇陪同祁燕前往，并再三嘱咐，哪怕一台手机都造不出来，也不能让祁老师有任何风险，劳累过度也不行。

“给祁老师送行的时候，我们内心有一点悲壮，但祁老师很乐观，她笑着说‘我比钟南山还年轻14岁呢，你们担心什么！’”尚进回忆着那难忘的一幕。

虽然大家颇为担忧，但祁燕一行人硬是两周之内跑了广东和江苏两省，在当地政府的大力协助下，召回了数千名产线工人回到工厂。一个老人的榜样力量是无穷的，据何勇汇报说，当地官员非常感动，陪着小米的人下县做工作，调拨专车送工人回厂复工，动员防疫力量以最高标准做好厂区的防疫检查，解决吃饭问题，解决住宿的密度，确保一个人都不能感染。

小米10的产能，就这样奇迹般恢复了。如果不是这次采访，我们真的很难想象，疫情之后全社会的物质保障，是这些普通人的力量一点一点去创造出来的。

“我想顺便说一下，你知道恢复生产最大的收益者是什么产品吗？”尚进卖了个关子，“是测温枪，小米上半年最紧缺的生态链产品是测温枪，海淀区的企事业单位都在等我们的测温枪，就是今天你进任何一个小区会被快速测温的那个东西。如果物资生产不能保障，人们就更不能出门，如果有足够的生产供应，我们抗疫的能力也能增强，适应疫情期间的生产生活，进入良性循环。”

“你有没有想过，疫情对所有企业最大的打击是什么？”尚进开始主动问记者。

“是不能生产？资金断裂？”记者试着回答。

“是的，生产停滞意味着资金周转减慢，但成本支出不会降低，大面积的上游企业面对断血的风险，只能靠输血。去年刚刚加入小米的孙昌旭博士，建议小米为上游企业提供金融贷款服务。因为面对很多未知，银行给企业贷款的风险大增，但我们和这些企业的命运是绑在一起的，他们手里有我们的订单，无论他们出现什么问题我们还是会受影响，如果我们的订单能够被生产，那么我们知道其实大家的风险都过去了。”虽然尚进表述的逻辑有些复杂，但好像道理是这么一回事，“只要小米的资金扛得住，就应该去保证上游的安全性，算是全链条‘同船共渡’。”

复产复工是一个复杂的课题，不仅仅小米面对，全国无数家企业都需要在疫情的打击下恢复元气，可喜的是，到今天为止，全国绝大多数企业熬过了难关，社会生产和消费又恢复了活力。

发 布

现在大家都知道了，小米在疫情期间办了一场“小米 10 直播发布会”。但在当时，这是一场无法发布的发布会。

在采访的最后，尚进谈起了小米 10 的那场发布会。小米 10 是小米十周年最重要的旗舰产品，原计划在春节假期之后进行，作为小米十周年系列活动的起始。但突如其来的疫情使得计划中的千人发布会做不了了，尚进和他的同事回到园区的第一件工作就是讨论发布会还办不办。

尚进回想道：“其实我什么忙也帮不上，主要是该做什么样的决策。”

刚刚担任中国区总裁的卢伟冰很纠结，这是中国区今年的开年大戏，且不说办发布会的条件已经不具备，让包括雷军在内的大家都面对风险，即使简单做了这场发布会，社会的情绪很低沉，除了疫情之外的任何新闻都不是新闻，这样的重量级产品就白白淹没在市场里。

最后是雷军问大家：“在疫情的影响下，我们甘愿被打败吗？如果疫情是一个长期存在的事实，除了我们，其他所有老百姓，甘愿自己的生活被疫情打败吗？如果答案是‘否’，那么我们坚持办好自己的产品发布，会不会得到大家的支持呢？”

就这样，小米决定在 2 月 13 日坚持开一场旗舰发布会，虽然没有任何媒体到场报道，虽然不能有任何“米粉”到场喝彩。卢伟冰想到了老家深圳卫视有个栏目叫“超级发布会”，此时没有其他任何人会开发布会，他们会不会愿意转播我们的发布会呢？很快，深圳卫视回复了小米，此时他们正希望借助企业，宣传疫情之下的正能量，给被疫情影响的社会注入一针勇敢面对的强心剂。

发布当天，小米科技园的篮球馆内，只有拍摄的机器设备，只有工作人员和尚进他们20多位高管到场。尚进说:“我们戴了三层口罩,每隔十米一把椅子,每个位置下面摆了一瓶消毒酒精。市场部的同学准备了鼓掌的音频,但卢伟冰悄悄告诉我,在台上演讲的人最怕自说自话,很快情绪就消沉下去了,所以咱们大声鼓掌,给雷总一点信心吧。”

伴着熟悉的开场音乐,发布会开始,雷军戴着口罩,面对着台下二十几个他最亲密的战友,开始了这场特殊的发布会。尚进身边也静悄悄的,他同时拿出手机,通过Bilibili(B站)网站看看网上直播情况。

在发布会的开始,雷军讲到疫情,讲到想回武大看看樱花、吃碗热干面,当他讲到“生活可以被疫情影响,但我们绝对不能被疫情打败”的时候,B站上面的弹幕疯狂刷屏,“生活可以被疫情影响,但我们绝对不会被疫情打败”这句话一瞬间被百万人重复着,这句话的力量如同新生的种子一般,在坚硬的巨石缝隙中勇敢地钻出来,迎着狂风暴雨茁壮生长。

在不足50名工作人员的发布会现场,雷军从容地摘下口罩介绍新品。这场发布会有多少人观看了呢?创下了小米发布会的历史纪录,近千万人通过网络、特别是通过卫星电视收看了直播。尚进难掩心中的感慨:“正是这场发布会推出的小米10,使得小米在十周年之际,终于打破了僵局,站稳了高端手机市场。时至今日,小米10仍然是市场上最畅销的产品之一。”

这个情况记者是非常清楚的,因为这场发布会的特殊时间、特殊形式,使得它获得了巨大的影响力。因疫情只能在家的很多人,第一次通过电视观看了小米10的发布,也对小米刮目相看,直接激励了通信这个产业,刺激了行业的快速复苏。

从网上看过和听到亲历者的描述,感受是很不一样。有时候就是这样,你眼中看到的是寥寥数人,但你所做的,真的可以影响很多很多人。

采访结束了,记者对尚进表示感谢,他也很客气,他说自己并没有为防疫做什么特殊贡献。

但记者更加想真诚地感谢,感谢他和小米的所有人,感谢和他一样,在自己平凡的岗位上勇敢地坚持,勇敢地选择正确事情的人们。所有这些人一起,共同创造了我们抗击疫情的胜利。

与尚进告辞出来,正是小米午休的时间,小米科技园里还是那股咖啡香气,很多人三三两两地散步或者讨论着什么,他们每天的生活就是如此平凡又美好。脑海中不由得浮现出那句“我们是同一片海洋的浪花,同一棵树上的树叶,同一座花园里的花朵。”

9. 归去来兮

——记海淀区新联会科技医疗大健康分会副会长兼秘书长、北京天亿弘方投资管理有限公司副总裁刘璐

文/叶宏奇

题记：2020 年农历正月初二下午，四川南部某地，阳光明媚，春色宜人。山丘和田畴，在噼里啪啦的光影和柔软的春风中舒枝展叶：桃花李花茶花开得俏丽烂漫，油菜豌豆开得恣意汪洋。往年，这正是人们踏青赏花的好时节，此刻，却连飞鸟也屏声静气，生怕违反了天地的规矩。一辆中巴落寞地从山湾里过来，戴着口罩的司机哈欠连天地盯着眼前不断变换的道路，车厢里只有一只苍蝇在来回地飞。我眼睛突然湿润了，为这年，这天地，这春天里无人欣赏的花事，更为苍生……与此同时，在内蒙古包头的某个小区，北京健康智谷总经理刘璐正在匆匆赶往火车站，紧急回京。

一

在跟刘璐交流的一个多小时中，她几次眼睛湿润，陷入沉默，为那些在疫情中被夺去的生命，为那些损失严重甚至不得不关闭的企业，为那些因停工停产生活陷入困境的员工，也为自己在大年初二扔下孤寂的妈妈而匆匆北进……

刘璐近照

跟往年一样。一到年根，刘璐的心就开始“野”了：回家给妈妈带些什么？鞋子？衣服？裤袜？还是她爱吃的点心？每晚一次的视频聊天，她都要围绕这个话题，企图征求妈妈的意见。妈妈关心的则不是这个，而是女儿一家三

精英团队

口的车票订上没有，什么时候出发，这次回来能在家住多少天。

妈妈年逾八十，7月才在北大人民医院做完膀胱癌手术，由于工作繁忙，她没有时间照顾，妈妈出院没几天，就由哥哥嫂嫂接回了老家包头。从他们离开北京到现在，这种亏欠一直折磨着她，就像一根嵌在皮肉里的毛刺，让她在许多个夜晚久久不能入眠，又在许多个清晨早早地醒来，望着天花板发愣。她在心里告诉自己，今年一放假就立即动身，不到开工，绝不返岗，而且回家后谢绝一切宴请聚会，安心踏实陪护在妈妈身边，陪她说话，陪她看电视，陪她散步，陪她看电影，给她做几顿可口的饭菜，把家里家外清理打扫彻底，把舍不得扔的废旧物品，通通处理掉……刘璐在许多个漫长的夜晚，做着一连串规划——白天太忙，脑子里除了工作，再也装不下别的东西啦。

癌症这个家伙有多凶险，刘璐心里很清楚，尽管自己没有直接从事医学，但天天耳闻目濡，对它的了解是充分的。像妈妈这种情况，一旦复发扩散，后果难料。古人说，子欲养而亲不待。她不能给自己留下太多遗憾！

几年前，爸爸去世后，妈妈就独自一人生活。北京女儿的家，她认为不及包头，那里有她的亲人同事，有她熟悉的街巷胡同和花草树木，更有老伴葬身的坟头，想他了，随时可以去看看，跟他说说心里话，一起回忆风雨中走过的岁月。哥嫂虽然住在同一座城市，但妈妈不愿意打扰他们。他们都是快做爷爷奶奶的人了，也有一大堆需要操心的事情。所以，女儿一家的归来，是妈妈一年到头最殷切的期盼，是她生活中最盛大而隆重的部分。

在微信视频中，刘璐得知，一进入腊月，妈妈就忙开了，收拾一家人回来住的房间，床单被褥全部重新换洗干净；准备过年的年货，炸豆腐炸带鱼炸馓子炸丸子，买牛羊肉，挑选上好的农家土鸡，把一个冰箱塞得满满当当，还把阳台背阴的地方也利用起来，储存年节的食品，让他们从初一到十五，把一年里没吃到的家乡味道，通通吃个遍，而且天天不重样。

刘璐归心似箭，希望尽快回到妈妈身边，为她揉揉发酸的腿，捶捶发胀的背，看白发又增添了几许，皱纹又深刻了几分，该吃的药是不是按时吃了？

二

刘璐所在的健康智谷，位于花园北路，跟北医三院相邻，总面积 3.8 万平方米，隶属天亿集团，高峰期入住企业 50 多家，员工 3000 多人，企业多数是科技医疗和健康管理两大类，是海淀区和中关村重点支持发展的医疗健康科技孵化园区。2015 年开园以来，已经孵化多家独角兽公司，目前尚在园区的明星企业有医渡云、柏慧维康、美因基因、小苹果儿科等。

为园区企业提供安全有序的优良办公环境；对接政府，寻求政策支持；对前瞻性强、有发展潜力的企业实施投融资，帮助他们突破资金短缺的瓶颈，为企业和政府搭建沟通的桥梁是刘璐日常工作的核心。除了北京，她还兼顾着上海和杭州的其他三个园区，常年在三地之间奔波，一年有很大一部分时间在飞机和高铁上度过。

2019 年农历腊月二十七，多数企业都已经开始放假，只留有值班人员，昔日门庭若市，熙来攘往的办公楼一下安静下来，刘璐长长地舒了口气，召集物业部门开会，详细安排了节日期间消防安保值班，检查了各个重要部位，陪节日值班人员吃完团年饭，就简单收拾了一下办公室，拉上窗帘，匆匆回家，收拾行李，第二天一早踏上了返乡的火车。

包头比北京更冷，入冬以来的积雪在阳光下特别晃眼，隔三岔五刮起的北毛风，把尚未凝结成冰的雪粒，高高扬起，吹打在火车的玻璃窗上，也吹打在一晃而过的光秃秃的树上，山丘上。这些，本是刘璐从小司空见惯的场景，但此刻，却有了“近乡情更怯”的酸涩和陌生。六百多公里的车程变得如此漫长和寂寥，她只能不停地没话找话跟先生和孩子聊天，以打发内心不时泛起的空虚和焦灼。

哥嫂已经在妈妈家里等着了，铜火锅的木炭已经装进了炉架，锅里的油炸豆腐五花肉丸子带鱼和蔬菜已经码好，碗筷已经摆上了桌子，还有哥哥温热的那壶浓烈的老酒。

妈妈坐在沙发上，不停地低头翻看手腕上的手表，又抬头辨别墙上的闹钟，它们谁快谁慢？谁准谁不准？今天，它们就像有意跟妈妈作对，嘀嘀嗒嗒的声音特别响，旋转的速度却特别慢！

刘璐想象着家里的情景，想象着楼下被白雪覆盖的草坪和花坛，想象着那些熟悉的街坊邻居。她紧了紧羽绒服，百无聊赖地掏出手机，浏览全天的资讯，

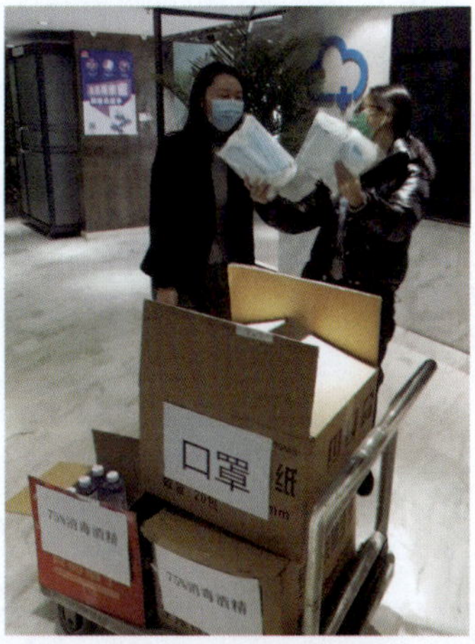

筹集物资

大多数跟春节有关：节日出行高峰到来，飞机火车一票难求，高速公路严重拥堵，节日安全生产事故偶发……最后，她把目光落在了武汉发现不明肺炎的消息上，下面有许多网友的跟帖，大都是假想和猜疑，乱哄哄的，缺乏科学依据。

其实，早在12月下旬，她就通过朋友知道了这种疾病，跟大多数人的认识一样，寒冷的冬季，出现感冒很正常，由感冒而引发肺炎，也很正常，没有什么值得大惊小怪。西班牙流感，美国流感，不都是这样，轰轰烈烈地来，悄没生息地走。但一个月快过去了，病毒似乎有越演越烈的趋势，舆论也越来越汹涌，越来越倾向于要求卫生疾控部门给予权威的解释。

刘璐脑子里闪出一个问号：是否2003年的SARS重现？她摇摇头，告诉自己不要胡思乱想，不要自己吓唬自己，安心陪伴妈妈过节，相信科学，相信国家有能力解决。

包头，到了。

三

跟她想象的没有两样，妈妈，哥嫂和晚辈们已经等候在桌旁。铜火锅里炭火正旺，氤氲的热气和袅袅的肉香在屋里徘徊，亲情和年节的欢乐把客厅充盈得温馨而饱满。

到家了。跟所有在外打拼的游子一样，工作地的家，更像一个驿站，只能放下身体，放不下心情。只有故乡，只有回到父母身边，平常紧绷的神经和一刻也不能放松的心情，才会真正松弛下来。

就在刘璐按照计划绕膝在妈妈身边，尽着女儿的孝心，当妈妈的小棉袄之时，一个令人震惊的消息传来：腊月二十九上午10点，武汉封城！

封城意味着什么？火车飞机汽车船只全部停运，一切进出武汉的关隘全部关闭，一切出入武汉的人员物资全部停止。形象点说，有点像中国武术中被点了穴位，人、事、物被瞬间定格在了原地。

作为九省通衢的武汉，本身就有一千多万人口，又值春运高峰，每天客流量近百万，被突然按下暂停键，不到万不得已，中央是不会做出这种决定的。

疫情严峻。

在刘璐关于中国历史的记忆里，即便是抗战最艰难最危急的时刻，只有疏散，并无封城之说，足见势态的不乐观！

刘璐脑子里再次蹦出SARS这个病毒学概念。

那么，在此之前离开武汉的病毒携带者，他们已各自回到了自己的家乡，旅游目的地，会不会成为传染源？据她所知，从武汉返京和到京旅游的客人，不在少数，北京会不会出现大面感染？会不会也要封城？而对于这个新型肺炎的了解，医学界似乎尚在研究之中，并无明确的结论：病毒结构是什么？传染强度有多大？危害程度有多深远？有没有有效的防范和治疗药物？会持续多长时间？

刘璐焦躁起来。按计划，园区正月初七后将陆续开工，而企业和员工来自四面八方，只要有一例病毒携带者，其他企业和员工都会受到影响。这种影响不光是身体的，还有精神的，还有……她不敢往下想。

为了不让妈妈觉察自己的情绪变化，她尽量不让家人把话题转移到武汉，转移到新型肺炎上。她表面上一如既往跟妈妈唠叨家长里短，心里却在盘算着应该如何及时有效地采取应对措施。

当天下午，她向物业主管发出了一系列的指令：立即到药店采购一批口罩和酒精，以备不时之需，除了值班，其他人员一律不得进入园区，并在网上订购一批测温枪……

与此同时，她与先生私底下通过手机密切关注着势态发展——除夕夜，第一批支援武汉的医疗队抵达天河机场！

武汉告急！

不明肺炎被正式确定为新型冠状病毒。由于对这种新型冠状病毒的病理认知尚很粗浅，从政府主管部门，到医学界，再到患者，都忧心忡忡，不知接下来会面临怎样的风险，怎样的吉凶。她多么希望自己是一名医务工作者，奔赴前线，为患者分担苦痛。

既然命运没有如此安排，那么，就立足现实，做好本职，确保园区不受感染，确保企业和员工能准时安心返工，不给社会添乱，就是对社会最好的回报。

当晚，她又发出一条指令，是给自己的，定初一的车票，立即返回北京，返回岗位。

但如何给妈妈解释，成了她一个晚上的心结。在没有回来的时候，在微信里，在昨天、前天的聊天中，自己都还在信誓旦旦要陪她到初八，才过了两三天就走，是不是出尔反尔，是不是过于狠心？妈妈盼了半年才盼到的一家人团圆的日子，就这样草草结束？妈妈用近一个月精心准备的丰盛的年货，才刚刚吃了个头，自己一家突然走了，她会望着它们发出多少愣怔多少失望？

刘璐辗转反侧，摁亮台灯，披衣起床，又将手机中的车票改成了正月初二，起码，可以给妈妈一个适应的时间。太突然，弯转得太急，妈妈要晕车。她苦笑一下，同时在心里安慰自己，清明五一接踵而至，随时都可以回来陪她老人家。

后来，当这些愿望再次落空的时候，刘璐除了无奈还是无奈——谁会想到疫情会这么复杂，这样一波三折呢？

四

直到初一中午，刘璐才把第二天返回北京的决定告诉妈妈。正如她所料，老人半天没说话，像是听错了，或怀疑女儿说错了。当刘璐把需要立即返回的原因解释完毕，妈妈才用慈爱的目光望着她，以征询的口气问："再住两天行不行？就两天。"

这一刻，刘璐的决定差不多就要被妈妈的目光融化了，她不敢直视她的眼睛，抚摸着她的手，用轻得连自己听起来都很困难的声音说："疫情正在快速发展，今天，许多省市都启动了突发公共卫生一级防控。接下来会出现什么情况，难以预料。园区企业都从事医疗研究和健康管理，会不会在紧急关头承担紧急任务，不好说。作为提供服务保障的单位，要未雨绸缪，有备无患。"

妈妈点点头。作为一个老知识分子，她不仅理解女儿的决定，更有胸襟接受发生在身边的一切变幻莫测的事件。

看见妈妈同意了，刘璐一颗悬着的心终于落地。她像小时候一样将脑袋钻进妈妈怀里，尽情享受着母爱的温暖和惬意。妈妈也像过去，用枯干的手，不断为她梳理头发。

在老家的风俗中，初二是回娘家的日子，刘璐却要离开娘家。一早睁开眼睛，她就看见妈妈在翻弄冰箱，在阳台上忙碌，而客厅靠墙角的地上已经摆满了各式各样没来得及吃的年货。哦，妈妈正在为她收拾计划带走的东西——鱼肉菜……妈妈见她起来，一边收拾一边说："尽量多带，北京如果封城，还可以对付一阵。"旁边的两只大纸箱，已被塞得紧紧实实，连土豆都装了好几个。

这是不能拒绝的爱！刘璐一边陪妈妈拾掇，一边提醒她可能超重了，不能再加了。妈妈却坚持："你们三个人，一人超两三公斤，没人跟你算得那么清楚。"

下午的火车。哥嫂回娘家没回来，一家三口尽可能把时间卡得准一些，少在车站等候，多在家里陪伴。

必须出发了，外面很冷。说好了不送，临了，妈妈还是穿上厚重的羽绒服，无论如何要下楼。寒风瑟瑟，冰天雪地，小区空寂无人。当出租车在拐弯处消失，妈妈孤独的身影也随之从后视镜里消失的时候，刘璐的眼泪夺眶而出。

五

回到北京，刘璐立即投入工作：学习了解冠状病毒知识，掌握防疫常识；通过各种渠道帮助园区企业联系防疫物资；让企业统计身在疫区的员工，跟踪他们的健康状况；跟中关村管委会和海淀园对接，明确政府对园区复工复产的要求；制定防疫方案，迎接企业和员工返京……

正月初五，她回到园区，指导物业部门试用测温仪，画出一米线，张贴防疫知识宣传海报和园区防疫要求。制定了分流乘坐电梯的规定：为减少聚集，加快电梯运行频次，实行了高低区上下楼的分流机制。对园区进行全面消杀，与入住企业签订防控责任书……

2月10日，园区复工。由于受外部环境影响，企业的订单锐减，部分已签的订单，也纷纷退订或延期，许多企业处于复工未复产的状态。老总们急，员工们急，刘璐比他们更急。她主动出击，与中关村管委会和海淀园管委会协调，为5家企业争取到了“抗疫发展贷”。

金准基因公司是其中一家获批企业。但惊喜交集的老总在慎重考虑后，电话告诉刘璐：“刘总，谢谢您的关照，我们不贷了，没有订单，无法生产，怕到时没钱还贷。”

处于同样困境的不止金准一家，有的迟迟不能复工，有的迁走。过去是企业找园区，现在成了园区挽留企业！

但刘璐坚信，企业的困难是暂时的，只要解决好，风雨之后一定是阳光。就像一壶开水，已经烧到99℃，眼看就要开了，火突然熄了，不但保持不了原来的温度，还会降温。这时如果能点上火，坚持一下，水就开了。

帮助企业渡过难关，成为刘璐迫在眉睫的议题，“同舟共济，携手前行”，成为园区上下的共识。经过反复研究，刘璐向集团提出了“减免租金，不催租金，不收滞纳金”的报告，很快得到批准，共减免租金300多万元。至今，还有一些企业没交上半年房租，刘璐也没催问。因为她最希望看到的是，随着疫情向好，企业科研生产销售，越来越好！

目前，园区企业科研生产已恢复到了疫情前的水平。站在办公室的窗前，刘璐把目光投向了家乡所在的西北方——中秋国庆就要到了，她是不是在筹划着弥补春节期间欠下的亲情？

北京，离包头越来越近！

10. 徐磊的翰墨情怀和公益人生

——记民革党员、中联国兴书画院执行院长徐磊

文/王　彬

题记： 在对中联国兴书画院执行院长徐磊的采访中有几件事都深深地感动着我，他几十年如一日地在公益事业上越做越大、越做越好，且不求任何回报；他把对家乡的爱和情化作一件又一件有益于家乡的事，他把女儿的压岁钱可以偷偷拿出来捐给家乡，他冒着生命危险在疫情期间四次往返北京和河南来筹集防疫物资……他把责任和道义扛在肩上，他用智慧和担当践行着自己的公益人生，他为书画插上一双公益的翅膀。

见到徐磊的时候，他正在多功能厅和工作人员一道忙着海淀区民革党员之家的布置工作，他给我的第一印象是温文儒雅的邻家大哥般感觉，从两个多小时的采访中，我发现徐磊的身上呈现出了多种气质，果敢、勇毅、忠诚、感性、爱心，正是这些优良的品质使得中联国兴书画院在他的带领下越做越好。左手书画、右手公益，他用近二十年的时间把自己和中联国兴书画院以及公益事业捆绑在了一起，让我们一同走近这位为书画插上公益翅膀的爱心人——徐磊。

最美逆行

难道“逆行者”们不怕死吗？难道“逆行者”们就不想躲在家中远离病毒吗？不，他们也害怕，他们都有家有室，是他们的不畏牺牲精神，他们的大爱仁心，他们的责任心使命感支撑着他们。而徐磊就是“逆行者”的一员。

2020年春节前夕，新型冠状病毒肺炎开始在全国范围内传播，家家关门闭户，避之不及，徐磊第一时间想到的是如何能够尽快筹集到防疫物资，给远在抗疫一线的勇士们支援。多方打听之后，徐磊只身一人开车远赴口罩生产大县——长垣县，超过500公里的路程，徐磊只用了半天时间，徐磊说：“这一路在高速上见到的车辆

不足50辆，很多加油站都停业，休息区更是鲜有人员，更不要说能买到吃的，幸亏带了一壶热水。”当徐磊下了高速之后，迎来的是一系列的检查，当检查人员得知徐磊是从北京赶来，为了给抗疫一线的工作人员筹集防疫物资的时候，他们朝徐磊敬了一个标准的军礼。谈到自己第一次驱车千里筹集抗疫物资的时候，他感慨地说自己还差一点饿晕在了路上。

徐磊

从1月23日至3月27日，两个多月的时间，徐磊先后四次往返北京和长垣县，这一路风餐露宿，陪伴他的依然是热水、面包和方便面。就这样，徐磊先后筹集四批防疫物资进行捐赠，帮助民革海淀区委及政府相关部门采购用于捐赠的口罩10万只，先后通过民革北京市委向相关医院、海淀区分局刑侦第二支队，通过北京市商委向相关医院，通过联合身边友人向市交管局丰台区支队捐献近5万只口罩。并只身前往抗疫一线，向交警、志愿者、社区一线工作人员捐赠口罩1万多只。

第一次去长垣县洽谈购买抗疫物资的时候，细心的徐磊就发现一线的工作者加班加点，多数都是用泡面来充饥，很多员工吃泡面吃得都口舌出现了溃疡，于是第二次去洽谈购买捐赠的抗疫物资时，徐磊拉了几十箱水果，赠送给这些奋战在一线的工作人员，一个小小的举动，让几个现场加班的女工感动得流下泪来。

3月5日18时，满载北京、安徽和湖北三省市民革组织及爱心企业安徽省精益诚食品有限公司的20吨冷冻蔬菜，从安徽省亳州市出发前往武汉市雷神医院、方舱医院、中国人民解放军中部战区总医院和武汉大学中南医院，一同前行的还有民革北京市海淀区工委捐赠的5万只口罩。而这次捐赠的牵头人正是民革党员、中联国兴书画院执行院长徐磊。

湖北省青少年基金会评价徐磊同志：“他不是生而英勇，而是选择无畏”。

4月8日上午，在民革北京市委联络处处长、海淀区工委办公室主任石军和民革海淀第六支部主委韩方群的积极协调下，徐磊购买的20000只口罩顺利捐赠到教师进修学校附属实验学校和海淀区万泉小学。教师进修学校附属实验学校校长董红军和海淀区万泉小学校长景小霞代表学校接受了这份厚厚的“温暖”。

4月20日下午，由全国对外友协组织的“同舟共济、携手抗疫——新冠肺炎疫情防控物资捐赠仪式”在京隆重举办，孟加拉国、马来西亚、摩洛哥、泰国等国接受捐赠防疫物资。徐磊作为捐赠企业代表出席捐赠仪式。

2020年4月，徐磊被评为海淀区民主党派助力抗击疫情工作先进成员。

在此期间多方奔走的徐磊也无时无刻不在心系家乡疫情的状况。2月上旬，徐磊多次筹集防疫物资，通过中国人民政治协商会议亳州市委员会向亳州市新型冠状病毒感染肺炎定点收治医院亳州骨科医院捐赠1万多只医用口罩，向亳州市涡阳县人民医院及涡阳县中医院捐赠口罩1.5万只，向防疫一线人员及相关街道捐赠口罩6.5万只、酒精及消毒液1000公斤，被亳州市委统战部誉为抗击疫情中最贴心的“异地温度使者”。

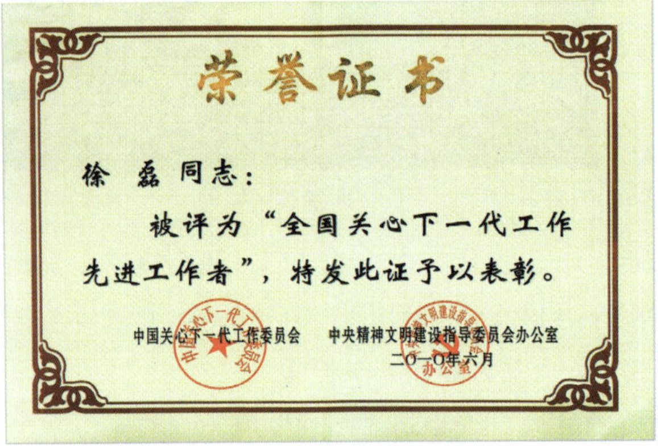

2010年徐磊被评为全国关心下一代工作先进工作者

自疫情全国暴发以来，徐磊自拿一百多万元资金购买防疫物资，先后11次向政府及社会捐赠口罩15万只、酒精及消毒液1000公斤；协助爱心企业向武汉捐赠100吨速冻蔬菜，协助政府级相关单位采购20万只口罩等大爱和担当行为被中央媒体多次报道，成了民主党派人士的一张亮丽名片。

徐磊在疫情面前，决心勇往直前，并以“以义当基、以爱铺路，以心暖心、以死换生。”十六个字自勉。

哪有岁月静好，只是有人替你负重前行。

在这次访谈中，徐磊还说了一个细节，他说在每一次开车走在路上遇到交警的时候，他都会想办法停下来给交警送上几个口罩，其实就是一个小小的举动，却透露出徐磊的细心和爱心，在疫情面前，徐磊做了一个爱心的传递，也让受赠者内心多了些许温暖。徐磊说：“为更多人提供一些安全，最起码有一层安全保障，这个世界会更温暖。”

这种给人一种正能量的东西，岂不正是我们真正所需要的东西。

缘起初心

20世纪90年代初，徐磊带着满满的自信从家乡来到了首都北京，在这个充满机遇和挑战的地方，徐磊能够扎根吗？带着自信来到北京后不久徐磊很快就发现许多事情其实是他并不能够左右的，每天挤公交车时候的汗流浃背、寻找机会却无功而返的失落，徐磊把这一切都深深地埋藏在了心里。

人若不坚强，谁替你勇敢？

机会是留给有准备的人，只要认准了方向走下去，未来一定是光明的，没有谁能够为你铺好康庄大道。

处在千禧年之交的徐磊开始在北京为自己找方向、定目标。凭借着受家庭影响锻炼出的雷厉风行和坚韧不拔的品格来面对创业路的艰辛和人情的冷暖。

一次在人民大会堂举办的大型文化活动让他摸到了事业的脉搏，也给自己做了一个真实的定位。这次活动让徐磊得以有缘作为办公室主任参与“北京中联国兴书画院”的筹建工作。

2002年6月16日，在王照华、蒋光化和戴舟三位老首长的亲自关怀下，在全国人大、全国政协、中组部、中联部和解放军四总部有关老领导和著名艺术家的支持下，中联国兴书画院在北京万寿路甲15号院正式挂牌成立，书画院挂牌当天高朋满座、鞭炮齐鸣，看到现场首长和嘉宾们的一张张笑脸，徐磊知道他的这份未来可以当做事业的工作才刚刚起步。

徐磊秉承“自立利人，诚信为本”的宗旨，在前行的路上，虽然波澜迭起，但有坚毅的性格做帆，他的创业之船乘风破浪、勇往直前。就这样，徐磊在此后将近二十年的时间将自己和中联国兴书画院紧紧地捆绑在了一起。

而这一切都源自于徐磊的初心。

徐磊向一线干警捐赠抗疫物资

徐磊出生在先哲老子的故乡——涡阳县，他的家庭也是典型的军人之家，徐磊的祖父是位老八路，当年参加淮海战役的时候是担架队的队长，徐磊的父亲是一名曾经服役于北京军区某集团军的军人，参加过珍宝岛的自卫反击战，徐磊的叔叔也是一名军人。受到长辈们的影响，从小徐磊心中就有了爱家爱国的情怀，也培育了他坚韧不拔、吃苦耐劳的优异品质，正是这些优异的品质让他今后多年作为中联国兴书画院执行院长，带着自己的初心一步一步走到今天。

2012 年中联国兴书画院成立十周年之际，徐磊给书画院的所有员工定了一个“三不原则”，不允许拉帮结派，不允许请领导办事，不允许向艺术家索要书画，一经发现立即开除。如果通知开会三次不到，且没有说明原因，解除和书画院的合作关系。这些规定让书画院的工作氛围得以大大改善。如今中联国兴书画院已经在全国各地成了了安徽分院、浙江分院、天津分院等十多个分院，规模也在不断地壮大。

大爱无疆

书画院成立之初就有两种不同的声音：一种倾向于公益性，另一种倾向于盈利性。王照华副部长说：“书画院应该以弘扬中华民族的传统文化为己任，为人民服务，为社会主义现代化建设服务。”王照华的一席话和徐磊的想法再一次不谋而合，同时王照华的话还为书画院定下了宗旨：“以文会友、以友乐艺、以艺载道、以道彰德、以德辅仁、以仁衬义。”

就这样徐磊秉承老首长的嘱托，和社会各界有识之士一道本着为社会服务、为民族服务的宗旨，开始致力于书画艺术的交流，这一做就是 18 年。18 年来，徐磊和他的团队做了大大小小 600 多次慈善公益事务，累计捐款额度近千万元，帮扶残疾人士、适龄儿童千余人。每逢国家的大事、喜事、盛事，徐磊都会积极参与，让中国书画艺术的“特殊魅力”绽放光彩。

由他牵头策划发起的“百名将军、百名部长、百名书画名家巡回展”在全国引起了强烈反响，“关爱失足青少年”“老少共画中国梦”等这些融合了个人的爱心与集体的力量的固定公益项目也是享有盛名。18 年来，中联国兴书画院在执行院长徐磊的带领下，矢志不渝地推行着公益文化，以书画院为平台，借助革命老前辈和艺术家的关心和支持，用一个红心、一颗爱心、一颗悲悯之心不断地向社会传播正能量，既传播了书画等中国传统艺术文化，也传播了善良、温暖和爱。

2005 年 10 月 23 日，对于徐磊和中联书画院来说都是非常重要的一天，“和谐盛世百名将军、百名部长、百名书画家书画展”开幕式在北京中华世纪坛隆重举行，中联国兴书画院的“三百”北京展正式拉开帷幕。原全国人大常委会副委员长布赫、原中共中央组织部部长张全景、中国人民解放军高级将领王诚汉上将、中国文联副主席覃志刚等党政军各界领导和著名艺术家及嘉宾1000多人出席。这场闪耀着艺术光辉、透露着和谐盛世的活动举办之后，四面八方好评不断。北京展览结束以后，书画展还在全国进行了巡演，如今书画全球巡展活动仍在进行，扮演着中国传统文化的重要推行者，也将一颗公益心进一步发扬光大。

2008年12月29日，在中国关心下一代工作委员会、北京市关心青少年教育协会与北京中联国兴书画院艺术家为广大监狱干警帮教服刑人员活动中，书画院组织将军、部长和著名书画艺术家捐赠了一大批书画作品，将军、部长、画家走进这些特殊的群体，跟他们谈心，让他们早日回归社会，这为推进监狱文化建设，促进服刑人员积极改造，为维护祖国首都社会安定，构建社会主义和谐社会首善之区做出了积极的贡献，而这一做就是12年。

2013年，徐磊和他的团队结识了另一个令人尊敬的团体——北京心灵呼唤残疾人艺术团。从此以后，徐磊成了这些残疾人的徐爸爸，每年的中联国兴书画院的年会都能够看到北京心灵呼唤残疾人艺术团的演员们的身影。

徐磊说“我做公益的初心，是想让我们生活的世界多一些温暖，多一些幸福，多一些和谐。用优良的传统文化去照亮孩子的心灵，去做一些有意义的事情。我回

徐磊和北京心灵呼唤残疾人艺术团的孩子们在一起

过头再看自己书写的人生这本书，回首漫漫来时路，脚印个个好清楚，那是一种骄傲。”

2015年8月25日，中联国兴书画院被中国关心下一代工作委员会、中央精神文明建设指导委员会办公室授予“全国关心下一代工作先进集体”称号。

2016年2月到2018年5月，“红色信仰 经典永恒——马克思名言书画展”、马克思名言书画展、《马克思名言书法集》首发、纪念马克思诞辰200周年论坛，“永恒的经典——马克思名言书法展”等一系列和马克思有关的书画展有序展开。

2018年的建军节，在徐磊和副院长何新桥的召集下，书画院的部长、将军和书画艺术家们，相聚北京人民大会堂、挥毫泼墨，共庆“八一”。

2019年中华人民共和国成立七十周年，中联国兴书画院特策划、组织“讴歌辉煌七十年翰墨绽放新时代——首都书画名家联谊笔会”在首都隆重举行。

中联国兴书画院以它独有的姿态向社会展示文化的内涵与力量，而这一耀眼的光辉之下，是徐磊个人的一颗红心，是为国为党甘愿付出一切的矢志不渝精神；是徐磊和他身后强大的团队，默默的支持与奉献。

中联国兴书画院副院长、原国防科工委宣传部副部长刘江海谈到徐磊，眼中满满的尊敬，他说：“作为徐院长的助手，从他的身上能够看到一种从血液里流淌出的对祖国、对人民的的赤诚，多年来他用自己的诚心和爱心作为感召力，凝聚了一批老将军、老部长、老书画家，用翰墨艺术去传承红色基因，去宣传党的方针路线政策。”

倾情奥运

2008年8月8日，全球瞩目的北京奥运会在鸟巢拉开帷幕，当开幕式上各个国家的奥运礼仪引导员手持用毛笔写着中文、英文和法文的指示牌刚刚登场，就引起了世界的一片惊叹和叫好之声，而这一切依然和徐磊有着密不可分的关系。

在开幕式指示牌确定为中国古代书画卷轴试样的研讨当天，与书画家们打交道的徐磊大胆地提出自己的设想，说指示牌上除掉汉字之外，其中的法文和英文，是否也可以有书法家用毛笔书写，这个创意，立马得到了专家们的一致赞同。就此，北京奥组委开幕、闭幕式运营中心按程序给徐磊发去了一份印有密件章的邀请函，还在注意事项中明确提出了书写要求和格式大小，不排除各种书法字体，但要有辨识度。

接到这一工作之后的徐磊，当晚彻夜难眠，他不是因为兴奋，而是在思考该如何完成这项光荣而又艰巨的任务（其实这也是徐磊多年来在做每一项重大事项之前养成的习惯）。为了确保书写工作的正常进行，徐磊和他的工作团队们将时间改为夜间12点至凌晨4点，佩戴具有国际地区时差的手表，以随时把握联络的有效性。书写内容确定后，徐磊带领十多位中联国兴书画院的专职书画家开始了指示牌的创作，隶书、篆书、楷书、行书，一边尝试一边书写，挖空心思地把能想到的书写技法都一一做了尝试。经过层层报送研讨，最后确定中用中国传统草书进行书写。2008 年奥运会开幕式当天，指示牌上那用毛笔书写的印有中英法三种标识的指示牌让许多人眼前一亮，更是受到了全球各界的一致好评，殊不知这些指示牌背后又是徐磊和他的团队付出了多少个不眠之夜。

2008 年奥运会，除了开幕式指示牌是徐磊团队创作之外，奥运景观雕塑的成立，也和徐磊有着莫大的关系。徐磊说“能够成为国际奥组委大家庭中的一员，是我一生的荣幸。”

“我参与，我奉献，我快乐”是徐磊和他的团队参与奥运的理念。

反哺之心

“羊羔有跪乳之恩，乌鸦有反哺之孝。”这是徐磊常说的一句话。

徐磊对于自己的家乡也是用一颗感恩之心在进行着反哺。

2013 年 3 月 26 日，由中国人民对外友好协会和中国关心下一代工作委员会主办的中国国际老子文化周大型系列文化活动在京开幕。此次文化周将举办老子国际文化论坛，来自境内外的 70 多位老子文化研究领域的专家、学者将就“老子文化的理论价值”“老子文化在海外的传播”“老子文化对养生的积极意义”等议题阐述各自的观点。

而其中对《道德经》的不同解读也是此次文化周的一个重头戏，八十一章的《道德经》将由 81 位道长、81 位书法家，以不同风格、不同流派、不同字体书就碑文，以彰显多元书风的个性。

然而大家都不知道的是，在 3 月 25 日晚上徐磊接到了一个来自老家的电话，电话中他得知那个让他尊敬，给了他呵护的祖父在老家涡阳病危，非常想见自己一面，一边是明天就要开幕的中国国际老子文化周，一边是祖父病危的消息，徐磊把老人病危的消息深深地埋在了自己的心里，没有一个人知道这个消息。26 日下午 15 时，在和国际友人交流的时候，徐磊依然是满脸的笑容，用他那“中国式”的英语向国际友人展示着老子的文化，中国传统文化对中国梦的启迪，没有人能够想到他的心里到底有多苦，因为一个小时前深爱他的祖父在期待中咽下了最后一口气。

曾在徐磊身边工作三年的小齐说，其实在前期活动筹备中，徐磊经常来往北京与涡阳之间，由于时间紧任务重，从涡阳县城到老家仅仅是 25 分钟的车程，他都从未能回家看看生病的祖父。

谈到未能见祖父最后一面这件事的时候，徐磊很坦诚地说是有遗憾，但是他又说“自古忠孝不能两全，在传承中国传统文化的道路上，我作为中国老子文化周的发起人必须坚守阵地，我要对得起背后家乡130万父老乡亲的期待，让先贤文化在首都绽放魅力，引燃世界关注的心声，也是祖父生前的遗愿，我相信老人家的在天之灵也会原谅我的选择。”

其实徐磊对家乡的爱和反哺远不止这一件事。2013年，他把子女多年来积攒的10万块钱压岁钱偷偷地拿出来捐给家乡涡阳修路和建农村学校的图书馆，而对外他一直在说这是中联国兴书画院做的事。

2017年，在徐磊的多方奔走和协调下，凭借着他的坚持不懈，很短的时间就给亳州市国防教育基地申请了12架飞机、5辆坦克、5门大炮、一艘护卫舰和一枚东风D3号导弹。现如今亳州市的这个爱国主义教育基地，也是皖北地区首个大型爱国主义教育基地，第一期已经完工并对外开放，成为当地参观旅游的一大亮点。

在采访中一个细节深深地打动了我。徐磊说自从20世纪90年代来到北京这二三十年间，其实他至少有四次机会能够将自己的户口转到北京。大家都知道一个北京户口对于个人来说意味着什么，而他迟迟都没有这样去做。后来老家的房子拆迁，户口无处可落的时候，徐磊把自己的户口落在了一个异姓的叔叔名下，徐磊说“之所以这样做，是想把自己留在家乡，能够为家乡多做点事。”

有一年去英国考察签证的时候，徐磊自己单独拿出一个户口本，他夫人和孩子拿出一个户口本，当时签证人员看到徐磊的户口本上和户主的关系，很诧异，但是听完了徐磊的解释后，则给了徐磊一个大大的赞。

访谈中，徐磊这样说：“我把户口留在老家，将来自己退休了，没事就回家看看，兜里揣着一个老家的户口本，心里踏实。”

采访时谈这件事的时候，徐磊的眼泪流了下来。我知道这是一种最真情的流露，不掺有任何的杂质，是一种对故乡纯粹的爱，徐磊对故乡的爱不仅流在血液里，甚至刻入了骨髓。

外交部原部长李肇星更是给徐磊题词“亳州好，好男在京城。”

尾　声

徐磊，这个从先贤之地走出来，饱经风霜，却始终保持良善初心的好男儿，初心执念为笃行，翰墨情怀写人生。用点滴小事，书写博爱情怀；立场坚定，无惧人生路途困顿坎坷，重担在肩，走出自己的家国情怀……

在徐磊身边的人都说，徐磊这个人身上有一种正能量，他的所作所为能够潜移默化地感染在他身边工作的每一个人，哪怕是一个和他刚接触不久的人。

这就是徐磊，他把一腔热血全部用在了中联国兴书画院的发展上，更是用在了关心下一代、帮扶青少年成长的公益事业上。右手公益，他为书画插上了公益的翅膀；左手书画，在他的努力下，中联国兴书画院也是一步一个台阶走在稳健发展的道路上。

荣誉证书

徐磊同志：

鉴于您为构建和谐社会所作的卓越贡献，经组委会认真评审，特授予您“和谐中国·2009年度十大创新人物”荣誉称号。特发此证，以资鼓励。

2010年元月

徐磊荣获和谐中国2009年度十大创新人物荣誉证书

徐磊个人也先后被中央文明办、中国关心下一代工作委员会授予“先进个人”“全国关心下一代工作先进工作者”等多个荣誉称号，被中国人民对外友好协会授予“和平发展贡献奖”荣誉称号，被首都精神文明办授予“奥林匹克传播使者”称号，荣获中共中央直属机关事务管理局颁发的特殊贡献奖，被2008年第29届奥林匹克运动会、第13届残疾人奥林匹克运动会组委会授予突出贡献奖等多种荣誉。

在采访即将结束之际，徐磊透露，为纪念中国共产党成立100周年，“红船颂——您从湖南走来”百名部长、百名将军和百名书画名家书画全国巡展已经在紧锣密鼓的筹备当中，其实对于国家的每一次大事、喜事、盛事，徐磊和中联国兴书画院从来都不曾缺席，徐磊和他的团队总是冲在最前面。

采访结束后，二楼的民革党员之家主任委员肖像挂牌仪式还在继续。走到楼下，回首再望中联国兴书画院所处的办公楼，在阳光的照耀下给人一种暖暖的感觉。而我也知道，徐磊在接受完我的采访后，还有很多事情需要他去奔忙，去完成。他一直行走在翰墨情怀和公益人生的道路上！

徐磊，祖籍安徽亳州，现为中联国兴书画院执行院长，中国人民对外友好协会全国理事、中国欧盟协会全国理事、民革党员、中国应急管理社会治安防控与应急保障工作委员会副主任、中国中文卫视副台长。

2002年参与创办北京中联国兴书画院，不久后出任执行院长，精心打造“百名将军、百名部长、百名书画名家作品巡回展”，在全国引起强烈反响，使中联国兴书画院迅速成为享誉京城，乃至全国的书画艺术团体。

2020年被中共北京市海淀区委统战部评为：“民主党派助力抗击疫情工作先进成员”；被中共亳州市委统战部评为：“抗击疫情异地温度的使者”。

11. 用爱创造卓越

——记民盟盟员、北京万景律师事务所主任马天轶

文/林勇鸿

题记： 采访前，跟马天轶律师讨论生命的意义，这原本是一个非常严肃的话题，但我们却讨论的很热烈，也很愉快。从哲学、宗教、社会学等领域一直聊到价值、目的、道德、爱等话题，甚至聊到了经典阅读。最后，我们一致认为，生命的意义在于能够实现自己的理想，快乐工作、充实生活，为社会发展贡献自己的力量，不虚度年华，不碌碌无为。马天轶在专业领域是一位出色的律师，在社会活动领域，她一直用知识、智慧和广博无私的爱在创造卓越人生。

马天轶现在是北京万景律师事务所主任。第一次见面，便被她的笑容吸引，她声音温柔，逻辑思维清晰，最重要的是，她眼里总闪烁着一种明亮的光。

心中有爱，眼里才有光，马天轶眼里的光，源自她内心的“爱”。

爱自己

很多人以为爱自己很容易，其实不然。爱自己，不是自私自利，爱自己，首先要深刻地了解自己，认识自己。知道自己的优点，更要明白自己的缺点，能够发挥自己的特长，规避自己短板。还要能够不断改变自己的固有思维，否定自己，督促自己，让自己的内心更强大、更丰盈。

马天轶工作照

马天轶的家乡在杭州富阳，她在杭州读的大学，专业是法律。毕业后，马天轶来到北京，当时，她到处投简历找

工作，找的第一份工作是人力资源。马天铁很聪明，也很勤奋，她在公司晋升很快，没过多久，就当上了人力资源经理，随后她又去了一家企业管理顾问公司担任运营总监。当时，北京的月平均工资只有几千块，而她已经月入3万有余。在别人眼里，马天铁已然成为光鲜亮丽的白领精英。

为祖国加油

但马天铁清楚地知道，这并不是自己想要的生活。不论是民营企业还是外企，都让她没有安全感。她需要一份属于自己的事业，一份可以终身做下去的工作。她要让自己活得自由、充实且快乐。马天铁思前想后，觉得律师比较适合自己，首先自己在大学学的是法律，有专业基础，其次律师不受年龄限制，越老越有经验。

在众多朋友的惋惜声中，已经算是“成功人士”的马天铁选择了离职。她重新拿起书本，备战司法考试。世人用“天下第一考”来形容司法考试，不仅因为考试的难度，还因为当时这个考试通过率只有10%，很多人考了四五次都没有通过。面对司法考试，马天铁没有一丝犹豫与退缩，她以积极的心态面对复习中的各种难点。迎难而上、逆风飞翔的勇气，让她最终顺利通过了司法考试，取得了律师从业资格。

取得律师资格后，马天铁开始做律师助理，在工作中，她注重分析案例，总结经验。她对自己很了解，也很自信。做了一段时间律师助理，马天铁觉得时机成熟了，她决定自己开拓业务。

她思维敏捷，逻辑清晰，目标明确，尊重自己，更尊重别人。她一贯站在客户的角度考虑问题，引导客户看清现实得失，做出更有效的选择。她始终坚信在专业、思维方式背后更重要的是人品，她说“最终决定成就高低的，还是人品！你选择成为什么人，你身边就是什么样的人。我一直相信，坏人也喜欢好人，好人更喜欢好人。”所以，马天铁一直要求自己做一个“好人”。她诚实、善良，善待周围每一个人。她率性，坦荡，不拘小节，和客户成了朋友。马天铁的口碑越来越好，客户越来越多，有很多新客户是原来的老客户给介绍的。在这一阶段，马天铁用她的勤奋、智慧与人品获得了客户的认同。2019年，她获得了“北京市优秀律师”的荣誉称号，得到了行业的肯定。

面对成绩，马天铁淡然从容，她说：“我获得了一个全新的起点，再出发的时候，感觉不再像刚来北京时一无所有，而是勇气大增，信心满满。”

爱自己，是为了让自己变得更好、更强、更快乐、更健康，这样才有能力爱他人和影响他人。社会因为每个人的进步和成长而更文明，更和谐。

马天轶崇尚自由、平等，她了解自己，爱惜自己，她以诚信、敬业的品质，勤奋的精神，创造了属于自己的事业。她珍爱这份事业，并不断为之奋斗和努力。

爱国家

爱国，在很多人心中或许只是一句口号，但在马天轶这里，却是切切实实的行动。

采访中，说起去年参加新中国 70 周年大庆的经历，马天轶依旧神采奕奕。“当时，太壮观了，太激动人心了，我从来没觉得这么热血沸腾过。”

她是国庆群众游行队伍中的一员，作为政协委员代表参加了民主法治方阵。当时，她跟大家一起走过天安门城楼，内心异常激动澎湃。有机会亲自见证伟大祖国的生日，让她不自觉热泪盈眶。

经过国庆游行，她更真切地感受到了我们伟大祖国的富强和文明。作为社会一份子，作为一名律师代表，马天轶觉得没有理由不为之骄傲和自豪。她觉得多少文字都表达不了当时她内心的豪情壮志，也表达不出她心中汹涌的热烈激荡。10 月 1 日当天，她在自己的微信朋友圈写道：“我爱你，祖国！我爱你，伟大的时代！”

马天轶把对国家的爱深深埋藏在心中。用一言一行践行着爱国精神。

2010 年马天轶成为海淀区律师代表大会代表，2015 年，又成为北京市律师代表大会代表，同时在协会担任一些职务。这些职务，没有报酬，还占用了很多她个人的时间，但马天轶并没有推却，她觉得为律师行业做一些力所能及的工作，推动行业进步是一种不可推卸的社会责任。

2012 年马天轶加入民盟，这是一个高级知识分子的群体，宗旨是：奔走国事，关注民生。马天轶加入民盟后，开始接触各种提案和社情民意信息，她多次走访基层，调研并收集材料，撰写提案。当自己的提案被认可，尤其是关系民生的提案被政府采纳，她由衷地高兴和自豪。

2016 年马天轶成为海淀区政协委员，开始参与参政议政工作，用自己的专业知识给政府建言献策。她渐渐理清这些组织在社会中的作用，使命感油然而生，她深知所有荣誉的背后，都是责任。

除了在行业领域和社会领域担任职务，马天轶还发起志愿服务项目，水滴普法“青少年权益保护”项目她已经连续做了三年。桃李不言，下自成蹊，她坚持持续不断地普法，在普法教育工作中做出自己的贡献。

春节假期的时候，因为武汉疫情蔓延，全国大部分省市启动一级响应。大年初二，网络新闻铺天盖地宣传“口罩告急”。马天铁作为海淀区政协委员，特别关注基层防疫工作。她看到社区一线工作人员每天都要去群众中进行摸底排查，他们密切接触群众，特别需要防护口罩。正好马天铁有一位客户是进出口贸易商，主要经营3M的N95口罩业务。马天铁第一时间联系了这位客户，想买一批口罩捐给基层社区。对方答应能卖给她一个托盘（外贸用语，实际是6500个）口罩。马天铁很快付了钱，价格是12万元人民币。本以为这样就可以安心等待物资到来，但这只是马天铁全球买口罩的开始。

原定的发货时间已经到了，但美国那边却迟迟发不出货，马天铁的进口商朋友也非常着急，又给她介绍了韩国的口罩商，没等马天铁下订单付款，韩国也禁止出口口罩了。眼看口罩紧缺的形式已经从国内蔓延到国际，马天铁非常着急，她加紧从其他渠道寻找口罩。分别通过英国、日本、法国、加拿大、瑞士等多个国家的朋友询问购买口罩事宜，但得到的答复都是没有了，买不到啊。就在马天铁焦急寻找的时候，有一位加拿大的朋友告诉她，可以帮忙联系3M公司的全球主席，3M全球主席在电话里口头答应可以给特殊照顾调配口罩，这让她非常兴奋，于是开始写正式的英文函件订购。因为时差原因，这个过程经历了好几个日日夜夜，海淀区好几位领导也多次配合沟通，可是后来3M公司又回复说全球没有任何可调配的现货。

买不到N95口罩，马天铁只好退而求其次，转战一次性口罩。但此时，已经错失购买一次性口罩的先机。市面上的一次性口罩也早已被抢购一空。经过多次辗转，马天铁听说建德有货，她赶紧付款去订购了3万个，但没过几天，就被告知因政府管制不能发货，只能退款。其间，有人告诉马天铁，俄罗斯有货，已经到机场了，如果订货，第二天就能到北京。马天铁赶紧付了款，可是没过多久，那个人又告诉她，俄罗斯的货还没出关就被扣下了，对方又把钱退给她。此时，有个青联会的朋友告诉她，有批货从哈萨克斯坦进口，已经完成清关，在乌鲁木齐机场了，还给她看了照片和视频，马天铁又一次付款，过了几天又被告知货被乌鲁木齐市政府扣下了。一次次满怀希望，又一次次失望，让马天铁越来越着急，她每天盯着网络上各种信息，分析和过滤。因为时差，整个采购的日日夜夜都没睡过一次踏实觉，困了眯一下，

马天铁向街道、社区捐赠防疫物资

醒了继续对接，她说“那些日子，连做梦都在买口罩。”

就在她不知所措的时候，偶然发现朋友圈有人从肯尼亚进口口罩，她辗转找到在肯尼亚工作的中国人，让他们帮忙买口罩，在大家的共同努力下，马天轶终于买到了三万个一次性医用口罩。为了减少周折，这次，她决定自己直接办理货运和清关，她开始摸索外贸程序，到处请教朋友，寻找货代公司，研究海关免税政策，联系政府对接红十字会出手续等。在这个过程中，马天轶学会了自己填写外贸报关单据。因各国医疗物资标准不尽相同，口罩需要改成民用标准进口，红十字会的材料来来回回，改了又改，邮寄了四次。出口报关和进口清关的一套单据，分别改了不下五回。家人和朋友们都打趣马天轶：“你这每天不眠不休地忙采购，不知道的还以为你是在忙好几亿的国际贸易业务呢。”马天轶却觉得，口罩的采购比好几亿的国际贸易更重要，因为大家正迫切地等待使用这些物资。

好在，一切顺利结束了，马天轶终于将三万只一次性医用口罩，全部捐给了海淀区的 29 个街道、乡镇，没有给自己留下一个。

她说，国家有危难的时候，我们每个人都应该挺身而出，做我们能做的，我们该做的。这是作为公民的自觉。

疫情期间，马天轶还积极撰写《关于加强红十字会接受境外物资捐赠规范性的建议》，这份建议已经由海淀政协直报全国政协。另外，她还撰写关于修改《突发事件应对法》的建议，由民盟北京市委报送民盟中央参加第四届法治论坛论文评选活动。她花大量时间去做这些额外的工作，无非是想用自己的力量去推动法制健全和完善。

爱国，不是挂在嘴边的说说而已，那是责任、是担当，是深入内心的自觉和点滴的行动汇聚而成的持之以恒和坚持不懈。

马天轶说，她喜欢阅读，喜欢文学、喜欢诗歌。我想，用艾青的诗形容她最贴切：“为什么我的眼睛里常含泪水，因为，我对这土地爱的深沉。”

因为爱，才有心之所向，情之所系，才能自觉主动、不求回报，不计得失。

爱他人

作为社会特约监察员，疫情期间，马天轶跟随海淀区纪监委，下基层检查工作，查看防疫人员在岗情况，走访科技园企业，对防疫制度提出意见和建议。她说，看到那么多基层工作人员冲在防疫第一线，她又钦佩又感动。

正是因为亲眼看到和体会到基层一线工作人员的辛苦，她在买口罩的同时，又买了两万只一次性医用手套，捐赠给了海淀的各街道和社区。后来，马天铁又买了很多消毒液、洗手液，再一次捐给了海淀的街道和社区。她还委托在国外的朋友买一些零散的3M口罩，不远万里，“人肉背”回来，分给那些在教育、医疗、社区等一线工作的有需要的人。有些单位组织疫情捐款，她也积极参加。她觉得能帮到别人对自己来说是一件有意义的事儿。

疫情期间，很多企业也遭受重创，经营出现危机。马天铁作为这些企业的法律顾问，尽量帮助企业渡过难关。她除了给服务的公司减免服务费，还提供一些融资渠道。她说：“我自己的收入不重要，反正目前还能挺过去。这些企业客户都是我多年的老朋友，我不能眼睁睁看着他们倒下，我得跟他们一起渡过难关。”

她发起的普法项目，参加全国志愿者服务大赛，连续两年因项目做得突出，获得全国金奖和优秀项目奖。

她参加“北京妈妈”项目，认养新疆儿童。她把这些孩子当作自己的孩子，不仅关心他们的生活和学习，还给予更多关爱，只要一有时间，马天铁就通过各种渠道去了解他们吃得好不好，穿得暖不暖，生活中还有哪些困难，只要她能解决的，她都全力去做。

她为贫困山区的学校捐书，满足山区孩子们的阅读需求，并且计划一直做下去。

她建立“委员工作站”，服务社区居民。

马天铁希望将心中的爱传递到更远的地方，来帮助更多的人。

作为一名律师，马天铁的理想是在个案中推进国家的法制进程，坚持正义，维护法律尊严。作为政协委员，她希望能通过提案建议，完善立法，实现民主社会的公正、法制。作为普通的公民，她希望用爱去温暖那些需要关爱的人。

每个人生命的长度都是有限的，马天铁靠拓展生命的宽度来实现更多人生的意义。她心存大爱，爱自己，爱国家、爱他人。

生命有界，大爱无疆。马天铁用爱成就自己、温暖他人，也将继续用爱创造卓越。

马天轶，女，80后，律师。民盟中央法制委员会委员，民盟北京市委法制委员会委员，海淀区政协委员，北京市青联委员，擅长投融资、并购、重大经济纠纷解决等资本市场法律服务。

12. 绎明宇：小马拉大车

——记民建区委委员、北京城建集团投资有限公司助理兼投融资部部长绎明宇

文/吕高排

题记：绎明宇很普通。如果不是特别注意，很难在一群人中辨认出他是一名卓越的企业战略管理学博士、高级工程师；不会想到，他曾经作为冬奥会速滑馆、大兴机场轨道线等国家大型项目的投资测算师，为社会建设做出令人瞩目的贡献；更不会想到，由他担任主任委员的民建海淀区中关村支部是那样活跃而有力量的一个基层党派组织。

有些人，单从外表修饰很难感知他的丰厚沉甸。

无疑，绎明宇就是这样的人。

绎明宇近照

如果不是特别注意，很难在一群人中辨认出绎明宇是一名卓有成效的企业战略管理学博士、高级工程师；不会想到，他曾经作为冬奥会速滑馆、大兴机场轨道线等国家大型项目的投资测算师，为社会建设做出不小的贡献；更不会想到，由他担任主委的民建海淀区中关村支部是那样活跃而有力量的一个基层党派组织。

他个头不高，脸形圆润，一脸朴实；虽然已经 49 岁，每一根黝黑的头发却将他的年龄大大地打了折扣；他语速快，尤其讲到令自己兴奋的民建支部，便像连发的子弹，让人应接不暇。

民建海淀区委委员兼中关村支部主委、北京城建集团投资有限公司总经理助理绎明宇，就这样进入记者的视线。

一

疫情没有预警。

2020年1月27日，大年初三。回到河南南阳探望岳父岳母的绎明宇，能不能回到北京，已经由不得他了。

南阳与襄阳虽为近邻，却隶属两个不同的省份。武汉疫情的突然暴发，使人们对南阳也产生了恐慌。

“必须回京，必须回到岗位上去！”绎明宇给自己下了死命令。从自己的本职业务讲，编制十四五规划的工作刚刚开了个头；从民建中关村支部的工作看，事情更多，120余名会员有口罩戴吗？全部平平安安吗？疫情防控，民建会员不能缺席，下一步，支部要为疫区做些什么？

困难的时候，更需要一个主心骨。

绎明宇等不及了。虽然，到达南阳才一天，全家人的团圆饭还没有吃；虽然，妻子不愿让他这么早赶回来，她还想参加老家的一个重要活动。可绎明宇已经顾不了太多，直接驱车赶到机场，将已经预订的28日机票改签为27日下午。听说下午的航班有可能被取消，他又急火火地找到负责人，将机票改为上午。航班终于起飞了，他心里的一块石头才落了地。

飞机上也没有闲着，绎明宇闭目沉思。登机前支部会员王昶发来的一条微信，使两人的想法不谋而合：立即发挥民建作用，为疫区做出自己的贡献。

王昶想的仅限中关村支部，绎明宇格局更大。他要动员全市民建支部的力量，一起发力，与疫区共克时艰。

下飞机之后，一份《关于北京各区民建基层组织联合向新型冠状病毒重灾区捐款的倡议书》已经在绎明宇的心中形成。他以民建海淀区委中关村支部的名义，深情地写道：

鉴于目前武汉、黄冈等地暴发严重新型冠状病毒引发的肺炎疫情，湖北多地被迫封城以防疫情进一步扩散，当地医疗机构已难以应付。作为首都民建基层组织的会员，我们心向灾区，但无力参与救治疫情患者，仅能以最简单、最直接的捐款方式尽一份绵薄之力。因而，民建海淀区委中关村支部倡议，全市各区民建组织（总支或支部）共同发起一次民建会员缴纳特别会费的捐款活动，以支援疫情重灾区建设。

绎明宇详细订定了活动方案，范围控制在全市各区各选一至两个支部（或总支）参与，面向支部会员发起募捐活动，各参与活动的支部主委加入“北京民建各区支援疫情重灾区会员特别会费捐款活动微信群”，便于实时交流和微信转账。捐款活动由各支部主委在各支部微信群里发起并接收捐款，之后适时或定期（每日一次）转账到指定账户，此账户的捐款情况实时得以更新，以确保捐款信息的真实性，便于各支部主委了解捐款活动进展情况。很快，中关村支部会员黄大汉转账2 000元作为第一笔捐款，捐款活动快速推进起来。到捐款活动截止时，中关村支部的会员们已经捐款58800元。

并不是所有人都持赞同意见。倡议书刚发出，微信群里就有不同的声音。

有会员说：一个小小支部，动员海淀区都困难，动员全市力量，是不是有点僭越？

绎明宇回复说：这叫小马拉大车。只要为了灾区，无须考虑其他。

有会员说：平时我们都积极纳税，现在是不是由国家统筹救灾就行了。

绎明宇回复说：国难当头，不能计较太多，当有钱出钱，有力出力。

有会员说：武汉红十字会曝光出这么多丑闻，影响很恶劣，再捐给他们，不放心啊。

绎明宇回复说：这是两码事，上级正在处理他们，相信他们很快就会纠正错误做法。我们已经考虑到这些负面影响，因此本次活动捐款资金将直接转给防疫一线单位。

……

会议中

中关村支委的做法形成榜样力量，纷争局面很快扭转。一天后，其他区的支部也纷纷行动起来。

“我认捐1万元。”

“我已经转账5000元，请查收。”

有一位会员不好意思地问：“我自己失业了，捐300元行不行？”

绎明宇回复说：“行，一分钱也是爱心善举。”

已经捐了3000元的会员杨雷看着不断上涨的数字，再次主动请缨：“如果达不到20万元，我兜底。”

激情就这样被点燃。12个区22个民建支部的会员们，仅用一周时间，捐出 20 万元现金。

其间，绎明宇的电话已经全天处于忙线中。他与武汉民建和黄冈民建沟通协调，与各支部主委联系商量。之后，统计各单位每位会员捐款，准确核实相关数字，绎明宇忙碌得夜不能寐。妻子埋怨说：“疫情这么严重，其他人都赋闲在家，你这可好，比平时更忙了。”

绎明宇不说话，只是呵呵两声，继续埋头苦干。

黄冈民建会员樊金平最了解当地情况，他说，武汉各大医院收到来自全国各地的捐助已经很多，相反，疫情处于第二位的黄冈受到的关注度很低。尤其是作为新寇肺炎定点医院之一的黄冈中医医院，更是难上加难，建议重点捐给他们吧。

绎明宇和参与捐款活动的各区支部主委们商量后，同意了樊金平的建议，并请民建黄冈市委帮助监督捐款去向，确保资金全部用于疫情救治一线。

这时候，民建北京市委也发出了捐助倡议，一些支部在参加哪一边问题上纠结起来。绎明宇说：“想到一块去了，不管在哪里捐，都是民族大义，都是为国出力，都是救民于水火。”

几天后，收到捐款的黄冈中医院专门回函对北京民建 22 个支部表示衷心的感谢。之后，黄冈中医院和民建黄冈市委还为每个支部、每位捐款会员写来捐赠证书，绎明宇开始了新的忙碌——将这些证书一一分发到每个人手中。

二

湖北疫情牵动着绎明宇的心，身边的疫情他也时刻惦记。每位会员每天情况怎么样？疫情下的支部活动如何开展？绎明宇每天都在思考。北京市要求向单位和社区双汇报，他又作出新规定，也要向党组织汇报，以便及时掌握情况。

受疫情的冲击，原定的支部活动多数无法落实，部分活动被迫采取在线交流的方式，但效果远不如现场交流活跃。中关村支部 2020 年上半年组织各类活动 12 次，其中 20 人以上参与的活动有 10 次，参加活动的人数总计 1626 人次，已超过去年全年支部组织活动的参与总人数（786 人次）。

为落实中共中央对民主党派“加强五个建设，提高五种能力”的建议，中关村支部 2020 年上半年结合国家经济和社会发展的热点，绎明宇先后组织 3 次学习研讨活动：3 月 26 日，与海淀民建企业委员会和专业三支部联合组织了《海淀民建抗疫特别讲堂——守护创业成果与家人》在线讲座；4 月 9 日，与专业一支部联合组织《浅谈金融犯罪》的在线讲座；6 月 27 日，支部单独组织了《第三只眼睛看世界：龙象相争，中印边境争端的前因后果》，让会员深切地感受到了国际关系的变化……与

体验生活

此同时，他们系统学习了近期统一战线的相关理论和政策，提高对国际国内形势的认识。

在开展好各类活动的同时，绎明宇将抗疫的目光转向海淀，转向身边。3 月 3 日，他第一时间响应中共海淀区委统战部和民建海淀区委的号召，率领中关村支部，联合专业二支部共同支援海淀镇树村党支部的日常社区抗疫工作。此时，抗疫物资依然紧缺，好在会员们工作在各行各业、各个领域，3M 公司的支部会员葛玥联系北京口罩经销商购买来一批口罩；会员王昶联系所在企业紫光数码集团的下属生产防护用品的腾州子公司再订购了一批口罩；孔医堂中医诊所的会员王晓捷，将医院自治的预防病毒冲剂防疫肺药茶 5 箱 1500 袋无偿捐献出来……绎明宇带着大家，将这些物品全部赠送给战斗在防疫一线的树村工作人员。

与此同时，绎明宇组织各位会员，在各条战线上行动起来——

赵新良，主动担任上庄镇西马坊村社区值守，并向社区捐助消毒液 10 桶、酒精 10 桶、方便面 5 箱、一次性手套 1 箱 1000 只、防护镜 20 副，价值 4000 元；

刘江涛，向海淀医院捐助 10 箱酒精和 3 箱 84 消毒液，价值 6500 元；

刘建伟，向密云区十里堡镇镇政府捐赠 2.5 吨 84 消毒液，向法院捐赠 1 吨 84 消毒液，共计 5 万元；

恒鋆，组织“大爱无疆、翰墨传情”活动捐助写意画拍卖所得 4000 元，全部捐献；

傅诚刚，捐助美国华人医院、学校和中国人民大学共 19000 元；

崔云刚，通过各种社会机构向疫区捐款 2.55 万元……

数字是枯燥的，数字也是温暖的，它记录下中关村支部的责任和担当。

三

绎明宇和民建中关村支部这匹“小马”，拉动的何止是一辆“大车”。

捐物

2 月，北京市针对企业困境，出台了免税、减租等一系列复工复产政策，这些应急性措施效果如何，能否帮助企业渡过难关？下一步疫情防控进入常态化，还需要哪些帮扶政策？绎明宇很想拉直这些问号，他向海淀民建区委提出自己的想法。

区委领导高度重视，立即建议由中共海淀区委统战部发起，海淀区 8 个民主党派和工商联分别组织各自的中小型民营企业，就已出台政策的帮扶效果和新帮扶政策的诉求进行网上调研活动，了解海淀区中小企业受疫情影响所遇到的困难，收集前期各级政府针对企业帮扶政策的落实情况，评估帮扶效果，并向区委区政府提出下一步帮扶政策的建议。

绎明宇在问卷中分别设置企业性质、规模、疫情影响程度、影响的关键因素、复工复产情况、第一季度收入情况、北京市复工复产政策落实效果、希望政府再提供哪些扶持政策等问题。海淀民建区委组织会员企业家们进行了问卷填写，一周后收回问卷 214 份。

那时候，北京城建集团投资有限公司正在研究制定资本板块规划、PPP 营销规划、投资公司规划，全部由绎明宇牵头撰写，因而《海淀区中小企业复工复产专题调研报告》只能晚上写作。一连两个通宵，7000 余字的报告正式完成。之后，海淀民建区委组织专家提出修改意见，连续修改 12 稿，至 5 月初报告定稿终于完成。

调研报告针对民营中小企业的复工复产、未来发展及面临的一些困难，在5个方面进行了深度分析：复工容易，复产、盈利难；政府帮扶信息获取难；业务升级转型、产业创新迫在眉睫；劳动争议剧增；政府部门的调查统计检查过多，使得企业疲于应付。

针对调研结果，绎明宇对区委区政府进一步帮扶企业政策提出自己的建议：

1. 围绕信息技术和教育产业链的中小企业，提供全方位政策支持；2. 集成政策查询、申报、办理功能，搭建企业帮扶政务信息平台；3. 针对区内代表性科技产业出台促进企业技术创新政策；4. 疏解劳动争议，将保居民就业和保市场主体放在优先位置；5. 力戒形式主义、官僚主义，保障中小企业集中精力谋发展。

5月初，民建海淀区委将调研成果《海淀区中小企业复工复产专题调研报告》通过区统战部呈送中共海淀区委，区委于军书记给予了批示，责令有关部门立即落实。

记者采访中了解到，像这样的报告，中关村支部在上半年申报调研课题30多个。为落实中共北京市委统战部关于“围绕全国新冠肺炎疫情防控与经济社会秩序恢复报送决策建议”的通知要求，2月23日，民建中关村支部围绕当前各级政府针对企业受疫情影响出台扶持政策的有效性，把会员们的意见和政策建议汇编成《新冠肺炎疫情下提高各级政府对企业扶持政策的有效性》调研报告，报送至北京市委统战部。3月19日，中关村支部还对24家支部会员企业的复工复产情况进行网上调研，通过民建海淀区委上报到民建北京市委。这些调研成果，为各级领导提供科学决策发挥了重要作用。

四

在整个疫情肆虐的上半年，许多工作已经停摆，许多人躲在家里，绎明宇率领中关村支部却步履铿锵：完成调研课题8个，报送社情民意信息40余条。

记者采访绎明宇的时候，他刚刚从快鱼电子公司考察归来。疫情缓解后，绎明宇立即组织一个10余人的考察团，对这家会员企业进行了走访。大家听取了快鱼公司负责人刘庄的情况介绍，纷纷为企业发展出主意、想办法，力图通过考察交流来推动会员企业的项目对接。

“今年的经济形势不容乐观，投资风险很大，需要企业家们抱团取暖，激活市场一池春水。”采访结束之际，绎明宇告诉记者，中关村作为大众创业、万众创新的聚集区和民营科技高地，已为世人所熟知。中关村支部在海淀民建范围内活动人数最多、对外联络最广、知名度最高、承担社会责任最多、完成课题最好，他要将它的优势全部发挥出来，为海淀区的经济社会发展，做出自己的贡献。下一步，他将推出针对北京市范围内民建会员和跨党派人士，组织多场次实用性、针对性和实时性的在线讲座活动，争取逐步形成长效机制，做出影响力，做成活动品牌。

民建北京市委网优秀通讯员、海淀区委统战部2020年民主党派助力抗击疫情工作先进成员……看着绎明宇一个个荣誉和自信的表情，记者深信，他一定会驾驭着这辆“马车”，载着他的会员们，驶向更加辉煌的远方。

13. 笑对风雪

——记农工党区委委员、北京溢康太和医院投资管理有限公司董事长、海淀大健康产业联合会会长韩笑冰

文/胡玉枝

题记：新春伊始，寒意正浓，新冠病毒如硝烟般肆意开来，北京也在弥漫之中，各界人士纷纷奔赴抗疫的战场。韩笑冰，七零后的北京人，多家社会办医疗机构创始人、股东，海淀区政协委员，农工党党员，海淀区大健康产业联合会会长。他出生于医学世家，父亲是肛肠界泰斗，他也自始至终地热爱医疗卫生，钟情中医文化，致力于海淀大健康事业。作为一名企业家，他虽没有在政府部门任职，但他一直在为政府、为百姓“排忧解难”；作为海淀区政协委员和海淀区大健康产业联合会会长，自疫情暴发以来，他一直奔波在防控一线。

韩笑冰近照

庚子年起始，一场猝不及防的新冠病毒疫情，从江城席卷了全国。整个中华大地在失去新春的喜悦之时，也停摆了所有。每个人将自己封在家里，然而那些肆虐的空气，依然无羁地肆虐着。在灾难面前，那些溯流而行的医护人员，在疫情的最前沿为我们守护最后的堤线。还有那些默默奉献者，在人人自危时，为守护一方安危默默奉献着。海淀政协委员，海淀大健康产业联合会会长韩笑冰，就是这样一位默默奉献者。

在北京经过了二次疫情之后的八月的暑热里，在海淀大健康产业联合会会议室，见到了这位传奇人物——韩笑冰会长。海淀大健康产业联合会坐落在闵

庄路的马应龙长青肛肠医院三楼，前院的太和妇产医院也是韩笑冰会长创始和掌舵的。众所周知，香山闵庄路周围环境的特殊。当一路寻来时，一下就被这里独特的幽静和舒雅感染，它整体的色调与周围幽深的植被和清爽的气息很相融。

因早到了近一个小时，在路边等了一会儿，也欣赏了一下周围的景色。但还是在提前半小时的时候，给韩笑冰会长打了电话。虽然搅扰了韩会长的午休，但他还是很热情地接受了采访。

疫情中的海淀大健康产业联合会

在马应龙长青肛肠医院三楼的海淀大健康产业联合会门口见到韩笑冰会长，发现他比照片更英俊潇洒魁梧挺拔，透着几分儒雅。从身材气质上看，以为他曾是军人。他说虽然没当过兵，但是军人家庭的濡染让他有了一副军人的身材和气质。他的父亲既是全国肛肠界泰斗韩宝，也是马应龙长青肛肠医院创始人之一；他的妈妈也是军医。他从小是闻着来苏水长大的，所以他与医院有一种别人无法体会和理解的情感。这也是他创办医院和大健康产业联合会的渊源。

说起海淀大健康产业联合会，韩笑冰如数家珍。三楼靠西的一面墙，从上到下挂满了联合会的会员单位。不仅是民营医院，还有公立医院，以及各行各业的驻会机构。

他的开篇话语是：海淀的大健康产业，要破题，这是区委区政府很重视的一件事情。海淀区到2030年有一个定位，叫作“2+3+1”。这个“2”，就是大信息，大健康；“3”就是智能制造，新型材料，节能环保；“1”就是科技创新服务。如何根据海淀区科研院所多、高校多、医疗机构非常强大的特点与大健康产业结合起来，更好地完成“两新两高”（即挖掘文化与科技融合发展新动力、构建新型城市形态推动高质量发展、打造高品质城市）战略部署，如何把科技创新人工智能5G时代和大健康产业结合起来，更好地为海淀区丰富的医疗资源服务，这就是海淀大健康产业联合会要破的题。

紧张工作中

其实，海淀大健康产业联合会的很多会员单位已经做得很成熟了，并在这次疫情中发挥了重要作用。比如东升国际；比如今年 4 月 1 日，疫情期间，北京天智航医疗科技股份有限公司于上交所科创板上市，引领了骨科手术机器人行业的新发展。

还有海淀大健康产业联合会副会长薛向东的东华软件，是全国在医疗机构信息化领域翘楚级的。疫情期间武汉火神山、雷神山医院的信息软件全部是他们捐赠的，对当时疫情的诊治控制起到了非常关键的作用。

副会长尹卫东的科兴生物，在今年 3 月底，启动了新型冠状病毒灭活疫苗产业化建设项目，25 天完成前期施工手续，100 天完成新冠疫苗生产车间及其附属设施建设，形成了年产 3 亿剂以上的产能。目前，北京已经有上万人接种了科兴生物的新冠疫苗。

副会长王颖，他的理实国际大健康产业研究院，在疫情期间进行的线上直播引起很大反响。当时受疫情影响，许多企业面临着资金链断裂、人力成本居高不下、企业复工复产难的考验，需要经营者对疫情的影响有一定的预判，并有针对性地调整经营策略。王颖多次在微信讲堂和抖音中，为疫情中受到冲击的企业经营者们答疑解惑，它涉及经济、法律、医疗等各个领域。

韩会长说这些只是联合会一部分机构的作为，还有许多会员单位做了很多贡献，就不一一列举了。

疫情中联合会创新高效凝练的应对

说到疫情期间的经历，韩笑冰会长沉思了一下，之后娓娓道来。

疫情之初，作为农工党海淀区委一个支部主任的韩笑冰，接到区统战部指令，要下沉到社区一线，为社区服务。当时他是下沉到曙光街道，为了做好服务，他除了亲自值守，还更多地了解了街道及社区情况。一是缺少防护物资，这直接关系到一线值守人员的安危；一是缺少人手。

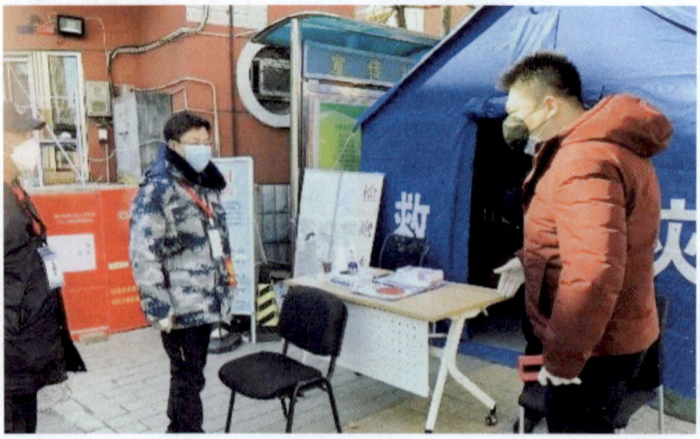

支援社区

就曙光街道而言，四十个值守点位，每天按六小时四班倒，每班二至四个人，就需要五六十人。白天活动频繁需要四个人，晚上也要两到三个人值守，当时有许多值守人员都是六十多岁的教授学者。

这种情况下，韩笑冰就火速地把他们的会员筛了一遍，组织了一个联合志愿者团队。他们有一个医疗机构建设专业委员会的会员，其中有几个央企当时已经复工了。韩笑冰就找到他们的董事长，说了这种情，希望他们予以支持。那个董事长说虽然我们是央企，但在海淀就叫中国中铁，海淀的事就是咱们的事，要钱出钱，要力出力。当时就选出了100多名经过核酸检测的农民工兄弟做志愿者。这让韩会长非常感动，也让他特别踏实。

志愿者落实了，但是100多人的一日三餐又成了问题。此刻，又是联合会的会员——马奈草地承担起这项艰巨的任务。这里还有一个小插曲，第一天，马奈草地的饭菜是非常上档次的，农民工兄弟也非常爱吃，只是主食量有点少，他们吃不太饱。韩会长及时将情况反馈给了马奈草地，第二天开始，马奈草地毫不犹豫地加大了主食量。农民工兄弟吃饱了，他们更加欢快地跑来跑去，做这做那，得到广大居民的称赞，为抗疫作出了贡献。

韩会长思维缜密，做事非常有条理。当时他把志愿者分成六个组，值守组、后勤供应组、巡视组等，各司其职，有条不紊，及时发现问题及时解决。他的会员还为每个社区提供了10套防护服和100只口罩，这在当时是非常及时的。韩会长说他们是来自不同单位的联合志愿者，他们群策群力，力量非常大。

疫情当中他们还做了一件轰动的事情，就是慰问区内重残户。当时韩笑冰从区残联了解到，海淀区内共有1537户重残户，他们都是多残重残和老残集一体的人家，生活非常困难。这是之前韩笑冰不曾想到的，他觉得那些困苦只在遥远的地方。他记得特别清楚的一户人家，父亲去世，母亲下岗，平时就在小区内捡些瓶子等垃圾补贴家用；这家的男孩子，78年生人，今年42岁正当年，可十年前因车祸高位截，只能靠一些低保金生活。而疫情不再允许捡垃圾了，他们的生活就更加困难了。还有一些重残户和精神康复之家，本来买东西就不方便，他们又基本上居住在北部的一些村落，而村子因疫情都给封了，买东西就更不方便，致使他们物资匮乏，生活困难。

此时，韩会长再一次让他的大健康产业联合会发挥了作用。他用五天的时间，筹集了1600桶油、1600袋米、1600袋面，共计16万斤、价值100余万元的生活物品和2万余只口罩、手套等防护物品，以及工作人员需要的方便面等。然后他们一户一袋50千克的米，一袋50千克的面，一桶10千克的油，以及口罩手套等防护物资，挨家挨户地送过去。每天他们都是用大卡车拉着这些东西，挨家送，一周内全部发放到位了。他们这一行动，被新华社、北京新闻以及各大网络媒体宣传报道，几天的时间，点击量就过亿，并被赞誉为“海淀速度”。惊动了北京市残联和中国残联，引起他们的高度关注。

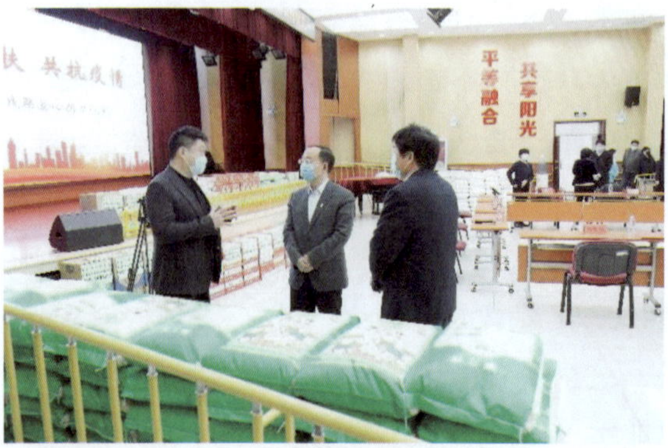

筹集物资

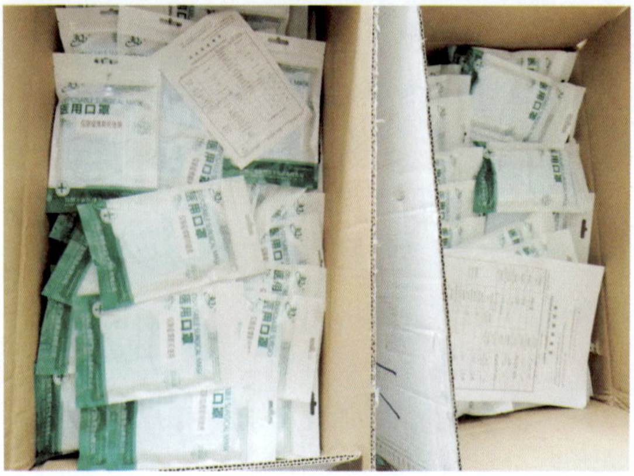

筹集口罩

这次所有物资的费用大概是100多万元。有的会员单位要自己全部认捐，韩会长说不行，得给大家留机会。于是有人最高捐款10万元，这样还不行，后面要捐款的人越来越多，因此就设定最高门槛，从5万元、2万元，最后设定最多不超过1万元，接龙报名，剩下的由韩会长兜底。医院的小护士们捐100元献爱心。100多万元善款，韩会长5天搞定。的确，100多万元善款，16万斤粮食，五天时间就筹集完毕，什么概念？50公斤一袋粮食，要装1600袋呀，平均每天装卸300袋；100万元写成阿拉伯数字，1后面要写6个0，数半天。这样的高效率，实在令人敬佩。

韩会长总结之前疫情中海淀大健康产业联合会的作为是“创新、高效、凝聚”三个方面。第一，在志愿人员极为缺失的情况下，他们找到央企建设单位，得到100多名经过核酸检测的农民工兄弟志愿者的支持，是一项创新行为；第二是高效迅速地执行力。五天时间，筹集了所有善款物资，并送达到位，充分体现了海淀大健康产业联合会会员的群策群力，以及农工党的党派力量。第三是凝聚力。行业协会平台和党派作用，就在于平时经常与会员互动沟通，所以就会有一方有事八方支援的高度凝聚力。韩会长表示，今后还将秉承这三个方面，发展大健康产业联合会。

后疫情联合会发展提升促进的前景

在疫情终于缓解下来以后，今年已经过去大半时间。上半年停摆的经济在慢慢复苏的同时，也带来更深刻的反思。

韩会长说，在这次疫情中，中医药再次发挥了巨大作用。因此，也再一次引起了人们对中医药重视程度的思考，对健康重视程度的思考，以及常态的消毒习惯、意识培养的思考。而疫情对大健康产业未来的推进，有它的促进作用。特别是线上服务，作为公立医院应该积极参与到线上服务来，以减少医院的人满为患，减少交叉感染的概率，用科学的方法有效地管理起来。

在疫情还没完全褪去的当下，就要两手抓。一方面，抗疫常态化，不能放松；一方面，抓紧时间复工复产，促进产业的发展。因为疫情的影响非常大，特别是一些民营的中小型企业，很多的教育培训机构，以及海淀大健康产业联合会的几个医院都受到了很大冲击。目前，他们也在尽力地拯救这些中小民营企业。

韩会长说妇产医院受的冲击就没那么大，因为新生命的到来，是无法选择的。在疫情最重的时候，他们也有两个月停止接收新病人，只接受急诊和分流而来的病人。从疫情暴发以来的几个月里，他们前后接生了几百个新生儿。二次疫情时，他们还承接了北大国际医院分流过来的妇产科待分娩的三四十个孕妇，尽管他们是两套收费标准。太和妇产医院的病房都是单间，也间接地起到了隔离作用。

在之后的发展中，韩笑冰会长表示，要将太和妇产医院打造成服务高端、价位亲民的妇产医院，吸引更多人来这里生产。并把它打造成三级医院，它已是医保定点医院。他说，目前长青肛肠医院已经是三级医院，当初长青肛肠医院是从一个小庙里边儿走出来的，到今年已经二十四年，转成了一个三级医院是非常不容易的。他希望在他创始的医院中再多几家三级医院，在海淀这边，是非常有意义的。

韩会长说，这次疫情，也让世界看到了中国共产党超强的执政能力，和中国人民大是大非面前的大局观，凝聚力，强烈的民族意识。一个有着 14 亿人口 56 个民族的大国，上下一致的应对疫情，并在短期内控制住了疫情的蔓延。中国共产党是非常伟大的，中国人民也是非常伟大的。

疫情中，共产党爱人民，执政能力强，是每个中国人都感受到的。当然还有我们的医务人员，他们被称为现代最可爱的人。疫情暴发时，韩会长说他们的医生、护士争先报名上一线，虽然他们没有硬性任务，但他们是后备二梯队。他们的小护士直接向卫健委报名，随时可以赶赴前线。韩笑冰说：“所以我们的医护人员，素质是非常高的。以致北京的二次疫情，很快就被控制住了。至今我们还在坚持常态化的防疫，进小区要测体温；出门消毒，饭前洗手；公共场

接受采访

合一定要戴口罩，尽量减少聚会和聚集聚餐，等等措施。这个是中国的模式。”

之后，我们的话题又回到大健康产业联合会。韩会长说这个事业越做越觉得有意思，越做越离海淀近。大健康产业的应用范围很广，从而形成了很多的专业委员会。联合会的会员中是藏龙卧虎，有央企，国企，民企，上市公司，社会团体。联合会是不收会费的。它的第一个功能是承担会员和企业沟通的桥梁，会员和政府的沟通桥梁工作；第二个是促进会员之间的交流发展合作。会员之间各自没有交集，通过联合会的整合，使他们之间变得紧密起来。因为会员之间的信息是不对称的，对需求也是不对称，联合会通过走访了解会员的各自需求，并不断地合纵连横，给他们牵线搭桥，实现共赢。这个就是大健康产业联合会发展经费的一个重要来源。

当问到韩会长是什么让他这样醉心于海淀大健康产业联合的事业时，他脱口而出：是情怀，是从小到大从未离开过海淀的海淀情怀；是军人家庭濡染的家国情怀；是政协委员、民主党派的责任与担当。这种情怀和担当促使他要把大健康产业联合会的事业做好，为更多的会员服务，为咱们的政府，为咱们的产业，为健康的事业贡献自己一份绵薄之力。大健康产业的发展要让海淀的高科技企业和海淀的百姓得到实惠，发展成既有经济价值，又有社会价值的大健康产业之路。立足海淀，放眼北京乃至全国。

虽然现在已是中秋时节，但那些风霜雨雪，那些百花凋零，那些停摆的足迹，那些不远处的鸦鸣和随时飘来的疫情，警示着开局之年的不平，警示着我们来反思。幸好我们还有如韩笑冰会长这样的有识之士们守护着中华大地，守护着民族的尊严。

14. 本分做事，就会成为人生赢家

——记致公党区委委员、北京大自然物业管理有限公司董事长叶劲柏

文/李明新

题记：就主题采访而言，我对叶劲柏一个半小时的采访是失败的。与其说他以大自然物业管理有限责任公司董事长的身份接受我的采访，而且这个身份只是他大公司底下的一个小小业务部分，不如说是两位老朋友在谈天说地，在聊对社会、对人生、对人生经历阅历的认知。我多次试图回到采访任务规定的“抗疫”主题上来，都被他有意地宕开去，而我也愉快地接受了，跟着他一块“跑题”。

做自己该做的事

2019年的除夕，叶劲柏有一种莫名的焦虑，到底为什么，他也说不清。考虑到出去后可能会遇到不可控的情况，就把节后到国外旅行的事取消了，后来才知道这个决定是多么的明智。

事关生命，谁能不怕呢？叶劲柏也怕，他怕的是病毒，他预感到人类又要像面临鼠疫、伤寒等病毒一样“死而后生”了。但他不怕事，他这个人心大，他看问题眼光比较宽、比较长。他知道人类终究能战胜病毒；他更坚信共产党领导下的社会主义国家，会以它制度特有的优势，很快控制住疫情，让人们在正常秩序下生存。但是在人类没有战胜病毒的疫苗之前，要谨慎保护好自己，保护好自己的家人，保护好自己的职工和自己的企业。同时，尽自己的力量，为社会多做一点事。

春节过后，人们的恐慌越来越重。大自然物业管理有限责任公司，是负责西苑麦德龙超市三万多平方米的水电、卫生、后勤保障的，一年365天、全天候24小时服务，队伍不大，30来个人。

如果他们这个30多人的“隐形的超市管理者”队伍出现了问题，不仅传播力度大，而且不容易察觉。叶劲柏当即决定，疫情期间，职工全部住在单位，食堂要给

叶劲柏近照

职工多加营养餐，提高职工的免疫能力。春节回家探亲的外地职工，原地待命，暂停回京。同时购买了大量酒精和84消毒液发放到每个岗位职工的手里，做好每个环节的消毒工作，公司领导加强落实检查。一切能想到、能做到的抗疫措施，在大自然物业管理有限责任公司工作范畴里，已经没有了死角。

口罩，口罩！谁也没有想到一夜之间，口罩似乎成为“救命”的工具。北京曾在几天的时间里很难买到口罩了。好在在美国学习的女儿寄回来很多，叶劲柏很快地把N95的口罩、外科口罩等都发给了一线职工，让他们第一时间在心理上有了安全感。

叶劲柏有个朋友在外地生产口罩，白天生产政府采购的任务，晚上加班生产的卖给社会，叶劲柏预订了10万只。10万只口罩是陆陆续续交货的，叶劲柏也是陆陆续续地捐赠给了急需口罩的社会抗疫一线的工作人员。在我一再追问下，他说青龙桥、海淀镇、羊坊店、马连洼等几个街道，这个两千，那个三千的，具体的他也说不清了。“反正自己手里有，自己还有这个能力，就做吧，因为这是我能做到的事，做不到的，我也没办法”。他的想法很朴素：这个时候，大家能过去，你就能过去；大家都过不去，那你肯定也过不去。大家好我才好，大家不好，我也好不了。我就捐献了一些急需的东西，取之社会，用之社会，你才能再取。没有那么高大，尽自己的力吧！

相对其他行业而言，疫情对超市的经济效益影响相对小些，因为国家对超市是有补贴的。人们也改变了自己购买的习惯，为了防疫，更愿意到超市一次性集中大量购买。只要超市本身不出现病毒感染，就没有问题。也正是因此，作为企业，防疫的这根弦总是绷着。叶劲柏和他的管理团队从2019年的大年三十，到2020年“五一”前，几乎一天没有休息，他们在一线指导职工用测温枪测体温，做好详细的登记。虽然他们本身不是麦德龙超市里直接面对顾客的工作人员，要保证麦德龙这个品牌超市正常营业，要保证购物的人能够安全，首先是后勤职工没有隐患。为保证企业不出问题，他们做的比政府要求的还要更多。

为什么这样做，叶劲柏谈起平时企业对一些问题的认识。他认为企业要跟政府相关管理部门有良好的关系，比如消防，人家是在帮你把关，对人家指出的问题，要有感谢的心。德方（麦德龙是德国品牌企业）曾经为了展示销售商品，在消防柜前边摆了张桌子，我们就配合消防部门，主动提出不能这么摆，一旦发生问题，会影响消防器材的使用。也许这张桌子一年能多销售二三万块钱，但是一把火可能就全毁了。

工作中

我问叶总，疫情时你紧张吗？他说一点儿不紧张，他心里稳稳的，因为经历了2003年的非典。相信党、相信我国的制度没问题。企业只要在具体事情上尽可能做得细一些，让整个队伍在正常的状态下运转就行了。

“我不愿意宣传，每个人做好自己的事就行了。不能没目标，要有目标，但不必那么急功近利。我就是一个普通人，我做的，大家都能做到。”他的话朴素到没有可以“加工”的缝隙，但如此淡定朴素的功力，却不是一天练成的。

真知出自磨砺

叶劲柏在思想的认知上是豁达而睿智的，在人生态度上是快乐自在的。他目前是致公党海淀区委组织部长、区委委员。他是麦德龙超市建筑的拥有者。麦德龙是从德国引进的国内第一家集约式零售卖场。说起大自然物业管理有限责任公司服务的麦德龙超市，叶总说选对了合作伙伴，当年谈判的情景依然鲜活地呈现着：

谈判时，德方二十几个人，西服革履，而我们的叶总穿着大背心大裤衩。并不是叶总轻慢对方，那是一场“遭遇战”，叶劲柏完全没有准备。德方看着叶劲柏置疑地问：你是大厦的拥有者还是包工头？叶劲柏说：“我不是包工头”。对方得到默认是大厦的拥有者后，拉出谈判的架势，经营部、法务部、工程部、管理部等等十几个部门，十四台电脑一溜排开，拉出一条严整的“战线”。

一步步谈，越谈越深。麦德龙是北京市第一家国外知名超市企业，因为是第一家，对方对卖场建筑及空间有很多苛刻要求，拉锯一样的谈判持续了7个月，最后叶劲柏把“方脑袋”的德国人按到地底下去了——西苑麦德龙只有门口那一块在地上，真正的卖场全部在地下空间里。叶劲柏让德国人的脑袋不那么“方了”，成本下来了，它中国化了，业绩也做到长江以北地区经营最好的一家。

智慧令人自在快乐

智慧就像一盏灯，最先照亮的是自己。

跟叶总聊天，总是哈哈大笑。他说了一句北京人的话：跟人打交道，要先踅摸，这个人一旦晃了膀子，你就离他远点。做官的离他远点，他要出事；经商的离他远点，他要败家。形象的比喻，又把我逗笑了！

叶劲柏 1999 年离开日本回国创业，先是成功做了北京大自然园林绿化有限公司，他任总经理，2003 年又创立了大自然物业管理有限责任公司。2019 年，离开日本 20 年后，他带着女儿到日本考察，本意是想对女儿进行“忆苦思甜”教育，但总在不断提升思想认知的他，也很有收获。他看到日本人的工资水平没有多大变化，物价比原来还低了。比如原来一份饺子 550 日元一份，现在 260 日元一份，从商家的角度来看利太薄了。叶劲柏看到原来生意还可以这样做：在艰难的时候，你也要熬得住。经历了沧桑的叶劲柏，已经从一个高度上俯视和洞察问题。

“年轻时我困惑的是，人到底是为了生存，还是为了存在的价值与意义奋斗呢？今天我终于想明白了，生存与存在的价值与意义，其实是并存的，是被动与主动的关系”。1966 年出生的他，在边走边悟的人生路上，早已经不纠结任何问题了。他已经很通透，已经练就了在任何环境、任何条件下都能愉快生存的钢筋铁骨般强健的精神。

参与疫情防控

他与其他做父母的人一样，走过的路，悟出的道理，总想对年轻人说说。合理的是训练，不合理的是磨练，合理不合理都是锻炼，他这样对女儿说。在这样的引导下，女儿比一般的同龄人要成熟一些。他想对年轻人说：明白道理的过程，是痛苦的。年轻人要想成功，道理明白得越早，走得越远，成功也会越早。要多历练，多受点委屈，不要觉得受委屈是吃亏。

人这一辈子要做好三件事：第一是上学，是进入社会的台阶；第二是结婚，找到合适的人。结婚前睁大眼睛，结婚后闭上眼睛，原装总是好的。第三是育子。孩子是家庭的希望。这三件事做好了，不管你有钱没钱，这一生是圆满的。钱是可遇不可求的，要知足，我努力了，就行了。当前这个社会，只要你这么做，谁的生活都不会差到哪里去。

这辈子，读万卷书我没有做到，争取做到行万里路吧。其时叶劲柏是把行路也当作读书。他的理想是退休后，要到世界各地的民间小住，体会民风民情，他要把自己融入这个地球的每个角落。见识让叶劲柏通达，通达让叶劲柏散发着温暖和煦的光芒。

通达的叶劲柏是有智慧的，智慧的叶劲柏是快乐的，快乐的叶劲柏是那样的自在！

一个半小时，我记住了他这句话：本分做事，就会成为人生赢家！

15. 盟员赤子心

——台盟盟员抗击疫情纪实

文/王宗仁　刘　燊

题记：在海淀区各民主党派中，台盟的人数最少，疫情暴发之初，盟员们主动请缨，立刻成立台盟海淀区工委疫情防控领导小组，全身心投入到抗击疫情的各项工作中。无论是医疗卫生战线的盟员还是其他岗位上的盟员，关键时刻没人缺席，纷纷慷慨解囊，捐款捐物，积极撰写提交社情民意信息、建议和提案等，为抗击疫情谏诤言、献良策，主动下沉基层值守。这批逆行的“抗疫”勇士以实际行动为抗疫做贡献，充分展现了盟员们强烈的社会责任心和爱国爱乡的风采。

一

一件件高科技成果展示、一场场高水准的高峰论坛、一个个具有国际特色的文化展区等一系列活动亮点纷呈，成果丰硕，云集了国内外大咖。2020年9月，在北京海淀区举办的中国国际服务贸易交易会和中关村论坛先后圆满落幕。这两场重大国际经贸交流活动，可谓赚足了参与者的欢笑，已然没有了疫情期间的冷清。人们不会忘记，今年经历的这场史无前例的疫情中，一批批专家、医护人员、志愿者及各民主党派人士奋战在一线，竭尽全力，为“抗疫”做贡献，台盟海淀区工委就涌现出一批批助力“抗疫”的勇士。

按约定采访的时间，我来到台盟海淀区工委办公室，首先映入眼帘的是依墙而立的一组书柜，除了与统战工作相关的书籍外，还有依序整齐摆放着许多红色烫金的荣誉证书，每一本证书都见证着他们辛勤的付出和使命担当。让我欣喜的是，今年颁发的证书上，赫然写着曾军被中共海淀区委统战部评为“海淀区民主党派助力抗击疫情工作先进成员”，顿时，它调动了我的兴趣：在荣誉的背后，一定有许多让人敬佩而感人的事迹。

曾军是一位多年从事台盟工作、年近六旬的女士，她的姓名中有“军”字，似乎注定了她有着雷厉风行的军人作风，她说话快人快语，坦率，执着。采访中，曾军很自豪地对我说：“疫情暴发之初，立刻成立台盟海淀区工委疫情防控领导小组，在区各民主党派中，台盟的人数最少，仅有82人，但我们在关键时刻从没缺席，大家主动请缨，全身心投入抗击疫情的各项工作中，没有任何的抱怨和牢骚话。”她的讲述中展现了盟员们强烈的社会责任心和爱国爱乡的风采，而我只能从中撷取部分人和事，注于笔端。春节前后，这场突如其来的新冠肺炎疫情，毫无征兆地将中国社会强行拉了刹车闸，随之，所有工作、生活秩序被打乱，全国进入到一场没有硝烟的“战场”，每个人被裹挟其中，人们都经历了最初的焦虑、恐慌，到后来的逐渐适应。

对于曾军来讲，对今年的疫情没有感到丝毫恐慌，早在2003年，北京市民就经历过SARS，当时很多小区都封闭，派专人戴红袖标在主要路口负责防控工作，从政府到居民都有着很强的防控意识。没想到，17年后，武汉疫情突然暴发，春节期间，北京启动了重大突发公共卫生事件一级响应。按曾军的话来讲，2020年上半年的每一天，几乎都跟新冠肺炎疫情有关，从年初开始，每天清晨，她养成的习惯是，起床后第一件事，就是给群里发每天的《早新闻》《冯站长之家》《京城事全知道》还有《早安台湾》和《两岸新闻早餐》等文章。每天她都翻看前一天公布的疫情数字：国内累计确诊人数，死亡数，治愈数……看着国内疫情形势一天天好转，内心感到很宽慰，再看一眼全球疫情的数字，心里又是一紧……许多海外华人和外国人开始涌向中国境内，新增的境外输入确诊病例不能松懈，还要时刻警惕疫情再次出现。

二

曾军是海淀台盟议政专组微信群群主、台盟海淀区工委微信信息群群主，从北京出现第一例新型冠状病毒感染肺炎患者的时候，她沉着冷静，每天都在群里提醒每一名盟员做好自身和家人的防疫工作，经常发一些“出门戴口罩、回家勤洗手、天天多锻炼、少去公共场所”等防疫常识。她到办公室的第一件事就是通过微信群组、电话、邮件等形式，及时把上级的防疫控疫指示精神和措施传达给每一名盟员，积极、科学、有序引导全区盟员提升防疫意识、提高政治站位。

在疫情最严重时期，曾军看到网络上有一些虚假信息，不仅混淆视听，还极易引起人们的恐慌，为此，她引导盟员坚决做到不听不信社会上的不实谣言，认清舆情正面导向，同时，她鼓励盟员立足本职岗位，发挥各自特长，多写一些防疫控疫方面的建议。

此言一出，立刻得到大家的积极响应。

“此次病毒传染速度快、范围广、影响面大，建立健全重大卫生安全事件应急防控机制至关重要。”

“当前的疫情防控工作以及疫情过后可能面临的交通问题、复工问题等一系列社会问题，需要有关部门提前做好前期准备工作，避免忙中出错。”

“针对不会使用手机微信的老年盟员，要主动往家里打电话了解老人情况，把老人的儿女加上微信，让其子女将有关信息及时传递给父母。”

“防疫期间，为防止污染物的传播，应做好医疗垃圾分类处理！”

……

很快，一条条有针对性防疫控疫的好建议传到信息小组窦武、刘兴福、周彦乔、曾军的微信里，无论是在家里，还是在办公室，信息小组把大量时间都用在整理盟员们提出的建议上，经信息小组逐条逐句修改的建议，分门别类整理完毕，再及时汇总报送上级部门。让大家感到振奋精神的是，先后共收到涉及疫情的建议有132篇，不少建议还被有关部门采纳。

疫情最严重期间，基层干部承受着巨大工作量和精神压力，为缓解基层压力，台盟海淀区工委疫情防控领导小组部署安排，所有干部必须“下沉”到街道、社区，支援最基层的工作。任务是对所有出入小区人员进行信息登记，密切关注流动人员各种情况，力争做到万无一失。如今，“下沉干部”已成为2020年新冠肺炎期间新出现的特有名词，虽然工作强度不算大，也没有多少技术含量，但需要很大的耐心，对出入社区的人员进行查验出入证、核实身份、测量体温、登记信息等工作。海淀区花园路街道北航社区是台盟海淀区工委参与疫情防控的结对下沉社区。曾军作为机关干部以身作则，担此重任。

立春后的天气，乍暖还寒，人们外出时，依然离不开保暖服，尤其在疫情期间，大街上，行人和车辆稀少，和以前的热闹景象相比，显得格外冷清。

曾军清楚地记得，2月27日那天清晨，她匆匆吃完早饭，穿上防寒衣，戴上口罩，准备出门值守。儿子迎上前主动提出：“妈妈，我也是台湾民主自治同盟中的一名成员，因疫情，我们还没复工，能和你一起去值守吗？”

“当然可以啦，多穿点，外面冷，别冻着。”曾军高兴地满口答应着，从随身的包里取出一个口罩，递给儿子。

曾军母子俩说走就走，立刻出了家门。

寒风阵阵，冬雪未消，她和儿子来到海淀区花园路街道北航社区。

“佩戴红袖标，使命肩上挑”。母子俩站在人员相对密集的超市门口，为进出超市的顾客测体温，做一些清洁消毒、值班引导方面的工作。

让曾军深受感动的是，这天，她正在花园路街道北航社区值守，突然看到全国人大常委、北京市政协副主席、台盟北京市委主委陈军一行人来看望到基层“下沉”的机关干部，她手里还提着一大袋防护用品，亲自递到曾军手里，关切地说：“提前祝你生日快乐啊，送你一份特殊的生日礼物！”

每天忙于防疫控疫工作的曾军，这才想起来，明天就是自己的生日，毕竟“2.28”这一天，对于台盟盟员来讲，是一个难忘的日子，她连声对陈军说：“感谢领导的关心，我忘了生日，也不能忘记和盟员们一道参加‘抗疫’，请您放心吧！”

盟员曾军和陈晨下基层值守

盟员冼海珍是第一批主动到社区报名参与疫情防控的志愿者，她的态度和蔼，热心为进出小区的居民作登记、测体温，宣传防疫知识，在社区参与执勤近一个月的时间里，从没有迟到或提前回家的情况。

盟员冼海珍下基层值守

盟员马亮下基层值守

“社区防控形势如何？”“社区有无确诊病例？”“执勤是如何排班的？”“社区值守有没有困难？”3月6日下午，台盟北京市委副主委欧云崧，台盟北京市委副主委、海淀区工委主委杨旭来到昌平区龙泽苑西区值守点，看望正在执勤的海淀盟员冼海珍，并为值守人员送去了免洗洗手液、防护香囊、牛奶等慰问品。盟市委领导详细询问社区疫情防控的有关情况，并对社区严格且有序的管理予以充分肯定。

武汉疫情暴发初期，正赶上春节，各企业都处于停工停产状态，N95口罩成了紧缺防护品，口罩也史无前例地成了当代人日常生活中不可或缺的一件物品，坚持科学佩戴口罩，随身携带口罩，也成为人们生活中的常态。

疫情在蔓延，天气仍寒冷，盟员们不变的是抗疫的初心和忠诚。

台盟海淀区工委选派盟员马亮、陈晨等人支援社区疫情防控的同时，主任杨旭代表台盟海淀区工委给社区主动捐赠500个医用外科口罩等其他防护物资，有效缓解了社区的防控压力，积极参与疫情防控志愿工作。

盟员郭榕从海外购买1万只N95口罩捐赠给武汉。

盟员张瑜青自发组建“武汉后援团”微信群，为防疫一线募集防护物资。

危机时刻，台盟海淀区工委的盟员们，选择逆行而上！

三

北京市海淀医院作为全区区域健康医疗中心，早在疫情暴发之初，就被上级确定为发热门诊和新冠肺炎救治定点医院。

春节前夕，海淀医院普通外科行政副主任、肝胆外科主任医师、台盟北京市委副主委欧云崧从武汉传来的一条条消息中得知，这种新型的肺炎感染性极强，患者成倍增长，武汉当地已有许多医护人员被感染，武汉告急！防护物资告急！疫情波及全国，很快，北京也启动了重大突发公共卫生事件一级响应，这让欧云崧和同事们感到非常突然！

盟员欧云崧接受我采访时，坦然地说：“2003年‘非典’那年，我还是海淀医院的年轻医生，当时，我主动报名到一线工作，和其他医生都穿着防护服，曾在发热门诊工作了一段时间。没想到，17年过去了，又赶上抗击新冠肺炎疫情的任务，面对来势汹汹的疫情，毕竟有抗疫一线工作的经验，从没有感到任何的慌张，那段时间，我经常安慰身边年轻的医护人员，让他们坚定信心，抗疫必胜！”

面对突如其来的疫情，海淀医院党委向全院医护人员发出成立“支援武汉医护人员应急梯队”的号召，海淀医院负责全区筛查疑似新冠肺炎患者，设有发热门诊和一个专门收治确诊患者的病区，其他各个科室的病房也纷纷合并，专家门诊几乎全部停诊。

危机时刻，欧云崧果断报名，他准备着，希望能像17年前那样，再次冲到一线，圆满完成任务。但，这一次，医院选择的一线人员，有着非常苛刻的条件：首先上线的医护人员都从感染科、呼吸科、重症监护室（ICU）挑选，其次是要求在一线工作的人员必须年轻、身体好，能抗得住工作强度，而外科大夫暂时不予考虑。

无奈，作为肝胆科外科医生的欧云崧只能眼睁睁看着符合条件的医生到海淀医院发热门诊和住院部一线工作。在那个谈新冠疫情就很敏感的日子里，肝胆科只接收需要急诊手术的患者，每一名到医院的急诊病人，做手术前，必须接受医院核酸检测，经过筛查，确认患者没有新冠肺炎后，才给予安排手术。

那段时间，欧云崧所在的肝胆外科专家门诊停了，一些患者打来电话，纷纷询问："欧主任，什么时候能到医院就诊？不能去医院，我手术后的复查可怎么办？"为此，欧云崧通过电话、微信语音和视频的方式为先前做完各种肝胆外科手术的患者，及时提供远程咨询服务，一遍遍安慰患者，耐心提醒他们："饮食要合理，注意休息，疫情会过去的……"他为那些不能到医院复查的患者，解决了后顾之忧，平复了术后患者的无助和焦虑的心情，也避免了他们盲目到医院就诊带来的风险。

采访中，欧云崧主任对我说："在疫情严重时期，到医院就诊的患者明显少了，但是，我们不能让患者在家里忍痛硬挺着，要想办法给那些不能到医院诊治的患者做线上指导。"为此，他除了在医院给急诊患者做手术外，还积极响应"好大夫在线"网络平台"抗击疫情，我在行动"免费义诊活动，做好线上门诊服务。这个平台云集了全国知名的各科医学专家，所有医生都经过严格审核，用自己本专业知识技能为病人做义务指导服务。

在三个多月的时间里，欧云崧的工作状态比较有弹性，他从医院回到家，从没有闲着的时候，如同把工作室"挪"到家里，只要有一台电脑，有一部手机，随时随地都可以登录"好大夫在线"，为几十名患者提供免费医疗咨询指导，为不能去医院的患者提供了便利，深得患者赞同。

欧云崧主任在办公室

"遇到急诊病人，我们从不放弃！"欧云崧为我讲了一件让他和

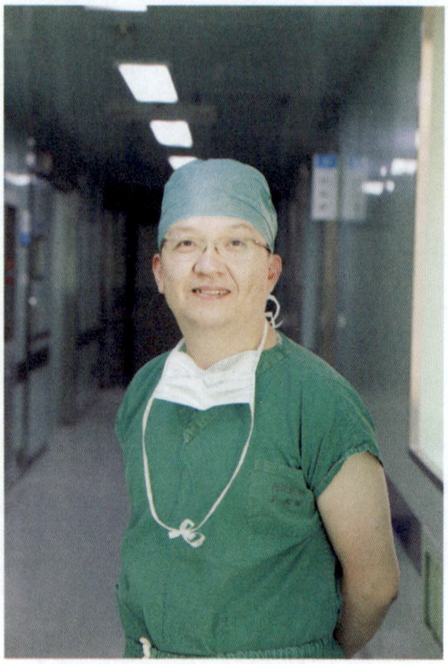

欧云崧主任工作照片

同事在疫情期间感到虚惊一场的事。

进入3月后，北京疫情略有缓解，肝胆外科急诊病人也开始多了起来。欧云崧清楚地记得，一天，急诊来了一名30出头的小伙子，当时的症状是，饱餐后剧烈的腹痛，额头上渗出豆粒大的汗珠，浑身打寒战，正在发高热。经查，小伙被确诊为“急性胆管炎”，最要命的是，小伙子还发着高烧，对于医护人员来讲，发热是眼下最忌讳最敏感的事。

那天，欧云崧在医院值班，当即决定：尽快为小伙子做核酸检测，等排除了感染新冠肺炎后，第一时间给他做手术。

核酸检测结果出来了，报告单上明确写着：阴性。

这让所有医护人员松了口气。一天后，欧云崧给小伙做了3个小时的手术，非常顺利，从他的胆管内取出好几块引起胆道梗阻的石头，如果不及时做手术取出来，将会引起感染中毒性休克，加重病情，还将导致生命危险。

手术后，欧云崧再三叮嘱小伙，以后可不能再这样暴饮暴食了，这次突发病症，就是多年来积累的胆囊结石排入胆管所致，因小伙疫情期间在家时间长，这次吃油性食物太多，引起“急性重症胆管炎”，导致上腹剧烈疼痛。

看到小伙子手术后，恢复良好，安然无恙，在疫情紧张的氛围里，小伙和他的家人都感到很幸运，对医护人员连声道谢。

欧云崧有着近30年肝胆外科手术的经验，他年资高，待人和蔼，态度温和，平易近人，无论患者还是朋友，从没有架子，同事、朋友都愿意跟他交往。多年来，他经常参加台盟组织的两岸交流等活动，认识了不少在京的台胞，相处久了，还结为好朋友，有的台胞只要遇到就医上的难题，第一个就想到跟欧云崧联系，让他给一些医疗建议。

进入初夏，在首都北京工作生活的人们，本以为新冠疫情已经控制下来的时候，然而，意想不到的是，6月11日，北京新发地农贸市场突发疫情，北京市应急响应级别由三级调至二级。面对卷土重来的疫情，北京迅速响应，所有社区疫情防控重新进入了战时状态，人们刚刚放松的心情，又绷紧了防疫控疫这根弦。

恰在此时，一名80岁高龄的在京老台商，突然给欧云崧打来电话，称自己最近全身皮肤发黄，四肢乏力，眼珠也发黄，腹痛，厌食，经医院检查确诊为肝功能指标异常升高。欧云崧为老台胞做了全面检查后，果断判定他出现的黄疸是药物性肝损伤所引起，而且非常严重，需要尽快住院治疗。

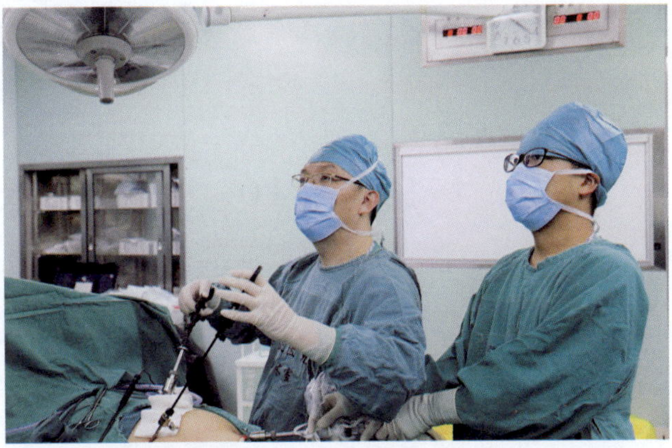
欧云崧主任（左一）与同事工作中

这可怎么办？这名台胞的子女都在台北，身边没有亲人照料，欧云崧看到老人痛苦的表情，为此，他不断安慰老人，给予精心照料，让这名台胞感受到了亲人般的温暖。欧云崧凭着丰富的医疗经验，与消化内科大夫一起，为老人制订了周全的治疗方案，老人很配合，恢复得非常好，精神状态一天比一天好起来。

这位老台商远在台湾的子女听说后，非常感动，特意打来跨越海峡两岸的长途电话："谢谢欧医生，疫情期间，北京对进出人员管控很严，往返台北与北京之间难度很大，我们在台北只能干着急，多亏你们及时出手相救，让老父亲安然无恙，渡过难关，谢谢啦，欢迎你有空来台北做客。"

其实，欧云崧曾帮助过许多在京的台胞，为他们解决了不少就医方面的难题，在他看来，身为台盟盟员，能为台胞做一些力所能及的医疗帮助，能看到他们解除病痛后脸上露出的微笑，他从内心感到很欣慰。

"在这场没有硝烟的抗疫战中，疫情如同'试金石'，试出了人心，更试出了人们的胆量，像欧云崧这样有着家国情怀、赤子心的盟员还很多。如今，我国境外输入防控的压力较大，我们的盟员们都表示，决不能掉以轻心，听从组织召唤，随时都能冲上一线。"即将结束采访之时，曾军女士很自豪地对我说出此言。

一场秋雨一场寒，天气逐渐转凉，然而，进入十月的京城，满眼都是浓浓的秋意，人们又恢复了正常的工作和生活，可以尽情乐在其中，可以欣赏着大自然的美好，可以拍照留影，一扫新冠疫情曾给人们留下的阴影。我看着车来人往的大街，看到人们脸上露出久违的笑容，听着人们开心的笑声，暗想：他们或许不知道具体是哪些人为战胜疫情，才赢得了这份平安，但人们知道，为着疫情警报不再拉响，有一批批勇士默默无私地奉献着……

16. 永强的眼光

——记北京车客家园网络科技发展有限公司董事总经理冀永强

文/戴荣里

题记： 一滴水可以折射太阳的光辉，普通民众可以体现时代的变化。作为一位北漂青年，也许他的学历较低，他的地位算不上明显，他只是一位从农村走向城市，从山西走向京城靠打工成长起来的青年管理者。然而，他的担当，却让很多人汗颜。疫情是一场看不见硝烟的战斗，他是勇敢且富有智慧的战士：抢运抗疫物资有他，为民捐款有他，冒着艰难险阻昼夜谈判、购运口罩生产线有他，为民服务，扶贫帮困、打通农产品销售和城市居民消费者通道有他……从他身上，你会看到年轻人的责任担当，你会体会坚韧者的爱国力量，冀永强——一位民营企业合伙人，以他的言行诠释了一个青年人的信仰和理想……

冀永强近照

就像他的名字一样，初次见他的时候，你就会在他憨厚的外表下，隐约感到一股自强不息的力量。冀永强，一个英姿勃勃的青年人，他文雅外表下的刚毅表情，似乎在向人表明，他是一位有棱角的青年，他更像一个拼命奔跑却不忘自己目标的年轻人，在你眼前一站，你的心火就会被瞬间点亮……几次相约采访，他都没有充裕的时间，作为一家民营科技公司的合伙人。这位来自山西平遥古城的汉子，最初毕业于一个中专学校，跌跌撞撞成为北漂后，做过汽车修理工，现在是车客家园网络公司负责人，由他创办的“车客家园数字化菜市场”

坐落在马连洼农大创业园，面积约1000平方米，为周围民众提供主食厨房、蔬果粮油、海鲜等便民服务。是通过采用供货厂商直接入驻的方式，减掉了层层加价的中间环节，让顾客获得了更多的实惠。强烈的社会责任感让这个青年人在众多商人之中脱颖而出……

和他交流，你会不时感到他灵魂深处的闪光。这是一位善于把自己的聪明才智运用到生活之中的青年人。他的生活哲学，带有朴素而辩证的哲理、智慧。所以说，他的扶贫，更带有非常明显的逻辑思考和科技扶贫的意味。初到新疆扶贫的冀永强，面对农民拥有那么多农产品却一直贫穷着，陷入了思考。这位青年人最后梳理出市场的需要和当地农民杂乱种植的短板，从中选取了卖相好、好吃且受大多数消费者欢迎的瓜品——作为网上营销产品，一炮走红。并由此开展品牌营造和区域化种植，永强的扶贫路，简单而又深奥。区域统一化种植密切与互联网结合，成就了他的惠民梦想。但聪慧的冀永强深知，内容和形式的密切结合以及品牌营造才是最终获得规模化市场的法宝。正是靠着这种深入的思考，冀永强的经商之路不断走宽，人生也不断从一个巅峰奔向另一座巅峰。

2020年大年初一刚过，当人们还沉浸在春节的快乐、忙碌气氛中，冀永强也刚想走亲串友时，一位来自海淀区政府领导的电话打破了永强的计划。其时，一场恐慌大幕正在中华大地上逐渐拉开：新型冠状病毒正由武汉肆虐全国，海淀区急需口罩。这时正当放假，职工们全都回家，要人没人，要车没车，冀永强在焦急之中感受到时间的紧迫和力量的不足。疫情就是命令，永强此刻感觉到笼罩天空的一张大网正在网罗着京城民众。疫情像瞬息而来的洪水，正一点点吞噬着这个光明的世界。关键时刻，永强没有退缩：没有人，自己上；没有车，用自家车。他毅然接受命令，二话没说踏上了四处寻觅口罩的道路……

运送口罩的道路上充满了曲折。大年初五，永强在亲人担心的目光注视下，驶向逆行之路。他先是到顺义区北皋拉回了口罩。他和海淀区政府的一位青年人一起，马不停蹄地赶往北皋，等把口罩拉回海淀区时，车一停稳，很快被各街道的工作人员抢分一空。大年初六，他又踏上去大兴区小米公司库房拉口罩的征程，运回来的口罩，很快荡然无存。大年初七，冀永强又到平谷区去运消毒液，50斤一桶的消毒液整整拉了300桶，永强装了一桶又一桶，等把几百桶消毒液装上车时，永强感觉自己要累塌架了，当他拖着疲惫的身子赶回海淀区时，在焦灼中等待的海淀区各街道的工作人员眼光中露出惊喜。看着他们的笑容，永强感觉到自己的苦累获得了一丝安慰。

然而，面对越来越猛的疫情，面对海淀区和北京更多居民而言，这点口罩无异于杯水车薪，必须选择更有效的途径，去获得更多的口罩，来换取对更多生命的保护！在紧急疫情之下，一个平时仅卖几分钱的口罩，瞬间升值到壹元贰角，居民对口罩的要求量的瞬间增加，让口罩这一产品成了万众仰慕的“宠物”。

庚子年的这场疫情，注定对中国人是一场检验人性的考验。

这是一场没有硝烟的战争，冀永强，以一个平凡的年轻人的行为加入了抗疫大军之中，做出了非常不平凡的业绩。当总理李克强到北京海淀区考察医疗防控物资供应保障情况时，实地考察了纳通生物科技公司新上的口罩生产线，对海淀区的及时有效应对措施给予高度赞扬。当冀永强从电视上看到这条消息时，内心无比激动。因为总理隔着橱窗察看的那条口罩生产线，正是他历经48个小时的辛苦磨炼引进来，并负责安装的。虽然当时冀永强并没有在现场，但他从电视里感受到总理肯定的语气，也再一次深知做好这个项目的意义和价值。

想起那艰难的48小时，旅途的劳顿、阻碍和谈判的辛苦，冀永强难以抑制一脸不堪回首的表情。是的，从接到海淀区任务去河北某地郊区拉医疗设备的那一刻起，冀永强就怀揣圆满完成任务的信心匆忙上路。但令他没想到的是，仅旅途就一波三折。先是高速公路路口不允许下车，他费尽周折终于说服了管理人员；接着是村口的路障和管理人员阻挠永强下车……生命面前人人平等，村村防护无可厚非。当时全国一盘棋，继武汉封城之后，全国各地顿时增加了防范意识。尽管当时冀永强拿着海淀区政府的介绍信，但这时各个村庄的警惕性，听命于疫情发展的呼唤，出于本能防护的心理而加紧区域化管理，可谓全民紧张的关键时期。冀永强当时的满腔愿望就这样被这一点点的阻力蚕食着。但这个倔强的青年人，没有忘记自己对海淀区政府领导“一定要尽快拉回生产线”的许诺，在充满曲折的谈判之路上，奋然躬

农民丰收节现场

身前行。他运用多年生意场上练就的口舌，说服了高速公路管理人员，又设身处地地说服了几个乡镇公路的管理人员。等赶到口罩生产线所在的村庄时，他已经被折腾得口干舌燥、浑身疲乏了。

七拐八拐，终于找到了生产线拥有者的家中。随之，艰苦的谈判过程拉开了序幕。冀永强想方设法说服生产线拥有者。人家看着冀永强的急切性，不断加码，冀永强也只好抬高价格。疫情期间，一台生产线，就能给无数生命提供安全的呼吸啊！而来自天津的某位个体生产商家，则悄悄通过当地人员，以高出冀永强的价格引诱生产线拥有者。冀永强刚刚谈好的价格，又被顷刻摧毁；那一刻，冀永强真有点儿心理崩溃的感觉。但想到海淀区政府领导的期待，想到更多民众的呼唤，想到生产线及时拉到北京，能让首都人民受益，冀永强真是使出了浑身解数。他采用各种理由说服生产线拥有者。在利益和乡情纠葛中反复思考自己得失的生产线拥有者，最后做出了"无论价格多少，坚决不卖了"的决定，这让冀永强的心一下子落到了冰点。聪明的冀永强没有轻易放弃，而是采取果断措施：找村支部书记斡旋！他开始对支部书记晓之以理、动之以情。从傍晚谈到天黑，从夜晚谈到次日凌晨两点。当支部书记终于说服了医疗生产线拥有者时，冀永强高度紧张的心才有了一丝缓和之意。原计划从当地雇车拉回北京，冀永强担心再出现这样那样的麻烦，为保万无一失，他克服重重困难，连夜从当地协调车辆，小心陪着大货车一路向北京行驶，冀永强的心情才舒展起来，艰苦的谈判被成功的喜悦所取代。冀永强顿时感到自己为海淀区的口罩供应做出了顽强不屈的努力。这台生产线，作为海纳公司的第一条生产线，让冀永强完成了海淀抗疫大战接力的第一棒。

为了尽快生产出合格的口罩产品，冀永强又想法请到了生产线原来的操作者，并让他作为师傅带出了一大批徒弟。当第一批口罩生产出来时，冀永强的高兴挂在脸上。正是因为实现了这从零到一的突破，海淀区政府随之搜购来四台口罩生产线设备，并获得中石化的全面合作和支持。从口罩生产线合格生产到持续供应首都市场，冀永强和他的团队为首都人民贡献了自己的心血。他以大局为重，从河北拉回口罩设备生产线及时提供给生产厂家后，自己就悄然而退了。他认为在疫情面前，企业家既要有强烈的社会责任感，又要有宽阔的胸怀，就是要提倡专业的人办专业的事。作为一个民营企业家，来自民间，应该为民服务。有人问他，为什么不把口罩生产线用来自己赚钱时，他说：国家有难，匹夫有责！正是这种强烈的社会责任感，让冀永强超越了一个商人的境界；也是这份责任感，让他在利益和民众之间，选择了民众；也正是这种责任感，让我看到一个民营企业家内心深处的爱国力量！

正是受这种责任感驱使，作为一家科技创新企业的合伙人。冀永强一刻也不敢懈怠。除了在疫情期间个人向社会捐款8万余元之外，永强还琢磨着怎样把自己的公司瞄准在疫情期间的为民服务上。

传统店铺与网络的相对脱节给民众带来了购买的困难，而网络营销的缺乏可触摸感又让民众对网邮生出不信任感。冀永强看到了疫情期间消费者心理的巨大变化，充分结合网络公司的优势，利用互联网“汇零为整”的便利条件形成独到的服务方式。针对疫情防控期间北京百姓购买食物的难点，冀永强以“社群沟通+线上下单+集中配送”的零接触服务模式为主，E中心现场采购方式为辅，配合街道做好疫情防控期间各社区居民的日常生活保障，让居民吃得价廉物美，从而得到民众的积极响应和支持。零接触，是保证疫情防控期间必须做到的沟通形式。在政府的帮助下，由社区居委会设立社区生活保障供应微信群，尽量确保社区居民都加入进来，成为生活保障类诉求的唯一出口，设立群规则，确保该群只发送生活诉求与供应相关的信息。车客家园作为居民生活诉求市场供应商，允许发布与居民生活相关的供应解决方案，提供蔬菜、水果、肉蛋禽奶、米面粮油及居民日常所需的产品及服务套餐。通过该微信社群收集居民生活保障类诉求，由车客家园对居民诉求提出市场解决方案，由居委会补充非市场订单解决需求（对特殊群体的免费配送或上门配送）。车客家园采取倾听群众意见的方式及时与消费者形成意见反馈，保证了疫情防控期间民众菜篮子供应。

筹集物资

冀永强是一个善于动脑子的年轻人。不仅脑袋瓜闲不住，双脚也在不断地走动。前天还在新疆和田扶贫，今天就跑到内蒙古去扶贫了。感觉他就像一个不知停息的陀螺，总在四处奔跑着。作为北京市劳模和青联委员，从永强身上，看不到骄奢之气。倒是从他的眼眸中能读到民营企业家的真诚，从他的言行中感受到一个靠自己摸爬滚打成长起来的做事为人的实在。

扶贫，成为当下许多国有企业的重大选择。在疫情期间，很多贫困户苦于自己的农产品无处销售，即使能销售，价格也不尽如人意。冀永强成为嫁接城乡之间农户与消费者的有效桥梁。他跑到扶贫村手把手教老百姓怎么优化种植、怎么创造品牌、怎么包装销售，然后又充分考虑城市消费者的个性化需求，让消费者在最短的时间内，获得优质农产品。他创建的私人定制数字化菜市场，在北京就有五十多家。这种线上与线下结合、现实与虚拟密贴的经营方式，深受民众和企业欢迎，不仅弥补了民众服务的短板，也为疫情期间企业尽快恢复生产提供了可靠的平台。在人才济济的大北京，冀永强的学历较低，没有高谈阔论的资本，但他说出的每句话却都实实在在，掷地有声。他能最快地把现代科技与民众需求结合在一起，使人民对美好日常生活的向往成为看得见摸得着的现实。在冀永强面前，你会感受到一位自强不息、与祖国同呼吸共命运的青年企业家伟大的爱国力量！

工作照

17. 盛景网联的硬核风采

——记海淀知联会副会长、无党派人士、盛景网联科技股份有限公司总裁刘燕

文/张瑞江

题记： 庚子年新冠疫情突然来袭，给湖北，给武汉带来了重大灾害，同时也给湖北，给武汉，给全国人民带来了异常的恐惧。总裁刘燕心系湖北、心系武汉，第一时间率领盛景网联询问湖北、询问武汉灾害中存在的困难。在为灾区购买防护服、隔离服、口罩未果时，为灾区捐款100万元。当武汉解封后，刘燕率领盛景网联支援湖北、武汉复工复产。积极和中国红十字会协商，和灾区政府联系，发挥盛景网联自身的特殊优势，为灾区网络带货，有力促进了灾区复工复产，改善了灾区人民生活。

一

刘燕近照

过年的风俗，数千年来，岁接一岁，载复一载，从未有过断续。可偏偏就在这个庚子年的年节里，过年，就突然骨折般停下来了。过年完全没有了过年的颜色和节奏。这个年节里，世上到底在发生着什么？年节前突然来了个“疫疬之鬼”，戴着一顶硕大的帽子大摇大摆、凶煞恶毒。科学家们给这个新来的魔鬼，起了个乳名叫“新冠”。

截至2020年1月20日18时，全国境内累计报告新型冠状病毒感染的肺炎病例224例，其中确诊病例217例，疑似病例7例。

面对这一情况，日常笑容灿烂的刘燕女士脸色即刻凝重了，内心世界里电闪雷鸣、风暴潮汐。

其实，作为盛景网联集团联合创始人、总裁、首席执行官及北京市海淀区政协委员的刘燕，在去年12月，得知武汉出现不明原因肺炎时，就已经密切关注着了。

武汉人民陷入灾害之中，我们应该做什么？

当日，刘燕立即组织盛景网联集团有关人员召开会议，在第一时间成立了“新型肺炎疫情”驰援领导小组，制订了紧急驰援方案。

北京——武汉，武汉——北京。

爱的传递，就在祖国北方和南方架起了彩虹般的桥梁。

电话里联系到了武汉市中心医院，电话那端说，缺少口罩、防护服、隔离服。

电话里联系到了荆门市医院，电话那端说，缺少口罩、防护服、隔离服。

“立即购买口罩、防护服、隔离服！”

总裁刘燕话音如锤，落在会议桌上时，立即得到驰援领导小组的一致赞成。

驰援领导小组的电话如暴雨般，洒向全国的口罩、防护服、隔离服生产厂家。却不料，家家都说货源不足。都是按照以往的模式和节奏生产，突然来了疫情灾害，生产出的数量远远供不应求。

望着灾害中的民众，如何表达爱？刘燕心急如焚，盛景人十分焦急。

“捐款！”

总裁刘燕话音未落，瞬间，再次得到驰援领导小组的一致赞成。当即，盛景嘉成捐款100万元。

总裁刘燕率盛景嘉成携手盛景创新汇企业家共同发起“关爱一线医护人员”捐助计划，同时推动所投企业全力以赴抗击疫情。向中国红十字基金会字节跳动医务工作者人道救助基金捐赠225万元人民币，与字节跳动等企业和投资机构一道，共同为不幸在抗击新冠疫情中感染的医务人员提供每人10万元捐助，其中不幸离世的医务人员提供每人100万元捐助。其中，盛景嘉成自有资金捐赠100万元人民币，盛景嘉成LP、创新汇企业家李强先生捐赠100万元人民币，山丘联康捐赠10万元人民币，朱老六食品捐赠10万元人民币，创新汇企业家刘鹏捐赠5万元人民币。

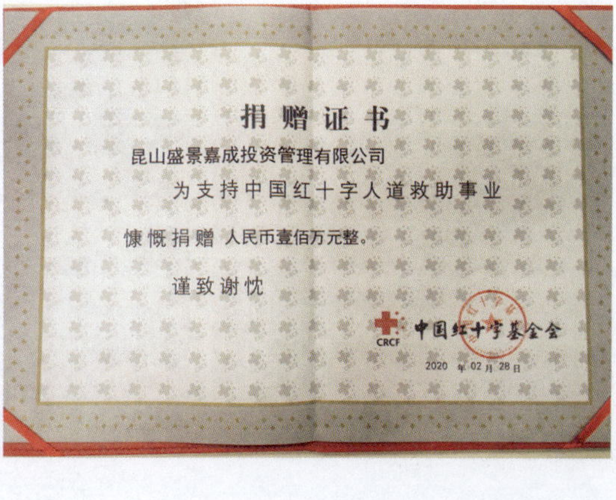

总裁刘燕率盛景网联，推动所投企业全力以赴抗击疫情。千里马机械供应链股份有限公司运用斗山设备支援武汉火神山、雷神山医院建设。接

闻雷神山医院建设急需20~30台挖掘机、推土机等设备施工，武汉千里马立即动员销售/服务一线人员联系江夏周边区域的用户，集结设备前往支援，不到半小时就已集结40多台设备，赶赴施工现场。此外，千里马供应链为战疫情奉献爱心，公司捐款 50万元，员工捐款20余万元。武汉中卫慧通科技有限公司致力于农村电子政务领域的武汉中卫慧通助力农村疫情防控工作。中卫慧通启动“数字乡村—基层治理服务平台”助力农村疫情防控工作，协助各地实现农村疫情防控无死角，保障各地人民的健康安全，同时以科技助力协助各地解决农村疫情防控的重难点问题，并结合各地基层实际工作情况，提供有效的管理手段。汇通达网络股份有限公司自新型冠状病毒疫情暴发后防护用品抢购潮暴发之前，汇通达人就敏锐地洞察到潜在形势，提前布局。一方面，利用公司渠道优势，与苏美达联合向市场投放医用口罩30万只，驰援一线。另一方面，呼吁各地区达人，积极发挥桥梁联动作用，发挥自身渠道优势，力所能及地向疫区提供各类医用物资。壹点壹滴互联（北京）教育科技有限公司作为中国幼教互联网平台，紧急发起“在家上学”行动。从2月3日开始，壹点壹滴幼教互联网平台上的孩子家长，只要登录幼儿园的公众号，点击“家园共育”按钮，就能看到“在家上学”栏目，进入该栏目，即可每天带领孩子免费在家上课。届时，壹点壹滴幼教互联网平台将提供小班、中班、大班三个年龄段的课程。所有教学内容皆依据3~6岁幼儿的发展规律和学习特点，按幼儿园五大领域整合而成；周一至周五每天内容都会更新。北京致远互联软件股份有限公司，中国

协同管理软件及云服务厂商致远互联，于除夕夜上线企业防疫检测工具向社会免费开放。为更好地服务于企事业单位的管理，致远互联上线疫情实时在线报备工具向社会免费开放，帮助企事业单位以最快的速度，响应疫情防控工作。并且为了更好地帮助企业面对开工前后的防疫难题，致远

互联基于协同云的数据采集和数据分析服务，全面升级上线防疫上报管理应用，供全国企业持续免费使用。

二

突然间，眼下这不明不白的肺炎在人传人，就像瓦片扣在了人们的头上。

乡下村庄的路口，扯起绳索、挖出壕沟，村庄瞬间就变成了一座壁垒森严的城堡。城里小区的院口，支起帐篷、摆上条桌，小区瞬间就变成了一座固若金汤的桥头堡。人们就很少出门了，似乎那灾祸就在各家各户的门口蹲守着。街上走动着的人，都戴着口罩、护目镜，因为人们都戴着遮颜的面具，顿时间就都陌生了，隔山隔海着，生怕面对面说上一句话，就灾祸附体了。冷不丁，就听到一个村庄的许多人都被隔离了，某个城里的楼房里一个单元的人就都被隔离了。

在这突如其来的疫情里，医生承压、患者恐慌、大众焦虑。“这里面有千万年来人类面对疾病的本能恐惧，有对人们生死相依的民族共同体的刻骨铭心的感受，有对那些逝去的生命的锥心痛惜，有对不计其数的医务人员、对所有坚守抗疫岗位、奔赴前线的奋战者的敬仰和牵挂。”中国文联主席、中国作协主席铁凝如是说。

每个人在突发的重大疫情面前，感受到焦虑、恐慌、抑郁尚属正常现象，但也要给予及时正确的心理疏导。于是，总裁刘燕率领盛景网联向社会上在该领域具有强大能力的机构联系，很快得到了清华大学心理学系、清华大学社会治理与发展研究院、清华大学积极心理学研究中心、清华大学幸福科技实验室 Hlab、北京六合心理研究中心、Zoom 视频通讯有限公司、中国联通、北美华人生物医药协会大力支持。成立了“北京幸福公益基金会”，于 2020 年 1 月 25 日迅速启动“心系武汉祝福中国”心理援助公益项目，2 月 2 日更名为中国联通“抗击疫情心理援助”热线，旨在为抗击冠状病毒的工作人员和普通大众提供心理支持。盛景嘉成携手盛景创新汇企业家共同启动“关爱一线医护人员”计划，其中包括致力于一线医护人员在内的专业心理辅导。“心系武汉”心理援助公益项目得到了国内众多心理学专家的响应和全力支援。项目成立了专家委员会，由清华大学社科学院院长、心理学系主任、博导彭凯平教授任主任，由清华大学心理学系咨询心理学教授樊富珉任执行主任，由 25 名专家任委员会成员。“心系武汉“心理援助公益项目十分强调专业性、有效性、持久性，对心理援助志愿者进行专业、全面、系统的相关培训，包括心理危机干预、社会心态应对疫情，病病、心理与免疫等专业内容，支持志愿者们对疫区提供特殊时期的心理援助，做好长期准备。“心系武汉“心理援助项目高度重视心理援助者的专业性，对报名者进行严格资格审核，要求具有心理学、医学、教育学、社会工作

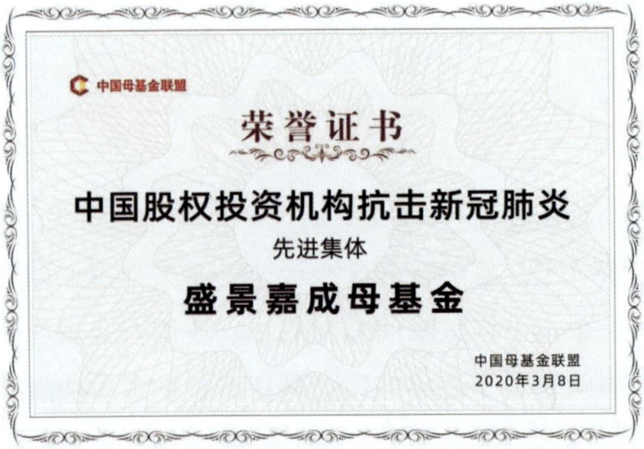

等相关专业，硕士以上学历；临床经验100小时以上；具有注册系统心理师或督导师等专业资质优先，具有救灾抢险心理救援经验的专业人士优先。承诺参加全部培训，时间上保证投入心理援助服务。短短三天，截至1月31日中午12时，776名心理援助志愿者参与公益行动，报名者还有持续增加，心理志愿者专业培训后将以心理专业技术，为疫区人们提供支援。盛景嘉成的任丹玉、潘培培、吴鑫政等均参与到了志愿服务之中，基于心理学专家的线上授课，为志愿者整理、编写课程讲义，撰写心理专业方案，为心理援助的专业化加班加点。项目第一期心理专业培训已准备就绪！具有丰富抗险救灾心理救助经验的清华大学樊富珉教授，组织国内相关专家设计了专业、系统、操作性强的心理援助志愿者培训计划。第一期专业培训于2月1日正式启动，接受国内顶级心理学专家组织的岗前系统培训，全部在Zoom视频会议中进行。

“心系武汉”心理援助项目以强大的线上技术为各位心理专家和志愿者提供支持平台。Zoom视频通讯公司、中国联通给予全面技术支持。云视频会议系统：Zoom公司提供高质量的云视频会议系统，为项目提供足量免费帐号和会议室，支持不限时、1 000人以上的大型心理培训。目前已完成6批次，1497人次Zoom线上培训。培训全程高清楚、高稳定性、功能齐备，远程无卡顿，是疫情非常时期线上心理援助的强大技术支持。

2月2日晨6时，中国联通“抗击疫情，心理援助”免费热线（400-680-6101）已正式开通。电话接入量无上限使用。疫区医护人员和其他人群可以每日24小时拨打求助。

一个看不见的线上战场的激烈战斗已经打响。打进的电话常常处于占线中，志愿者们生怕落掉一个电话，落掉一个需求者，志愿者们全身心地投入心理辅导之中，常常顾不上吃饭喝水睡觉。有效地为需求者解疑释惑，送上温暖，对他们每个人都保守秘密。

三

这一天在灰蒙里醒来，武汉这座古老而又英雄的城市，就像由内向外破壳的蛋，就在这灰蒙里解封了。

2020 年 4 月 8 日 0 时，武汉重新按下播放键。

汉江两岸钟声重响，美丽的夜景再次点亮。从北京到上海、再到广州，全国各地标志性建筑纷纷亮起“武汉你好”“英雄湖北”。

从寒冬中点点滴滴复苏过来的湖北人民的生活，在陆续恢复着正常。湖北省内企业也在重新开启生产中。然而，那停摆了 70 多天的湖北经济，面临着巨大的复苏压力：在疫情的影响下，湖北全省工业增加值同比下降了 46.2%。

湖北，这片热土，是辛亥革命的发生地，是湘鄂赣革命的根据地；湖北，这片热土，发生过北伐汀泗桥战役、黄麻起义；湖北，这片热土，放射着革命理想的光芒，滚烫着革命烈士的鲜血……

“支持湖北复工复产，我们盛景网联决不能缺席！”总裁刘燕对盛景网联坚定地说。

片刻间，总裁刘燕率领盛景网联联合中国红十字基金会，共同发起“520 我爱你湖北”公益直播带货活动，旨在为全湖北的企业、门店、品牌、个体户等所有消费品企业免费带货。

“520 我爱你湖北”公益直播里，就接连有了以下绵延不断的召唤：

“生活的重启将会是一个漫长的过程，
英雄的城市终会找回鲜活的光景！
百折不挠乃炎黄子孙之精神，
中华自古百般坚韧，
一方有难八方支援！
何惧那风雪交加，
此刻，我们与你们一起，
为湖北经济复苏助力！
天南海北的我们，一起为湖北‘带货’，
久违好时节，‘好吃’在路上——
湖北加油！”

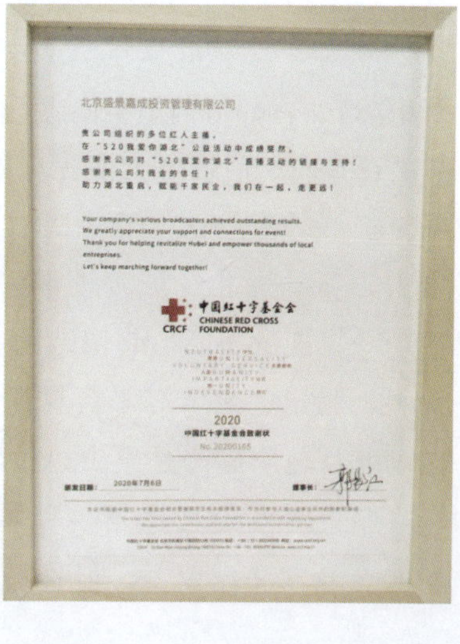

“想为湖北助力的公益主播，欢迎扫描下方二

维码，与他们一起为湖北公益直播带货，特殊时刻我们需要你的声音！”

“上面的链接是主播报名的入口，用手机微信识别上面海报的二维码，进入的就是这个的链接，主播可以在这个链接里报名，然后组织方会根据报名信息进行筛选。”

“如有红人主播资源，欢迎推荐。”

“欢迎身处湖北本地做土特产消费品的创新汇同学免费报名。”

“欢迎盛景创新汇同学推荐身处湖北做土特产消费品的朋友免费报名，这将会是一次绝佳的品牌曝光机会，我们将全力祝您复工复产。”

盛景的创新汇是盛景学员的会员组织，在每个地区都有区域会员的创新汇，大家平时定期学习，互相交流，互相帮助，资源共享。因了创新汇会员全部是国内中小企业的决策人，所以他们具有丰富的人脉和资源，这个时候可以充分发挥创新汇的优势，取得良好效果。

这荟萃了参加直播的红人代表小沈龙、辽宁卫视主持人王群、大胃王 mimi、小于 baby、大宝哎美丽、大胃王桐桐、吃瓜少女魏淑芬、吃货欣宝宝、谢勇强 0730。就在 5 月 20 日——520——这个被当今社会充满深情爱意的日子里，湖北省黄冈人民政府副市长、市红十字会会长黄伟在快手直播平台连线小沈龙先生，在向广大网友们推介黄冈市英山县优质农副业产品。英山，位于湖北省东北部，大别山主峰天堂寨南麓，是鄂豫皖三省边境的腹地中心。是中国茶叶之乡、丝绸之乡、药材之乡。绿豆粉丝为中国名产，1938 年在巴拿马举行的“万国博览会”上获银奖。丝绸制品驰名中外，曾荣获国家部委、省轻天马奖、金鹤奖、楚星金杯奖。茶叶以其条索紧细、色泽嫩绿、清香宜人，早在唐代就是宫廷贡品，茶叶已成为英山主要商品之一。英山是国家级贫困县。刚刚经历了疫情的考验，很多优质货品滞销了，这样以来，直接关乎到了英山县 30 多万茶农、药农脱贫奔小康。市红十字会积极响应“520 我爱你湖北”公益直播带货活动。市长、县长们精心挑选生态茶叶、药物同源食品、有机绿色食品等回馈网友，产品物有所值，活动让利多多，惊喜连连。

在 2020 年这个全面建成小康社会决胜之年的特殊年份里，总裁刘燕思想非常坚定，必须贯彻落实党中央关于湖北复工复产的决策部署，助力优质农副业产品走出去，帮助湖北经济渡过难关。5 月 20 日开始，“520 我爱你湖北”公益直播带货活动一直连续不断。将筛选的 1 000 个湖北特色农副产品，由千位网络红人在抖音、快手、腾讯、淘宝等平台直播间公益带货。通过千名公益直播带货达人，用电商帮助湖北特色农副产品出山出村，有效帮助了农民增收，助力了湖北脱贫攻坚。

盛景网联成立 13 年来，构建了中国最大的创新服务平台，凝聚了上万位渴望创新的企业家和创业者，盛景嘉成以 120 亿 + 股权投资母基金和直投基金链接中外最优秀的创新投资机构和新经济企业。总裁刘燕将继续率领盛景网联不忘初心，牢记使命，勇于担当，开拓进取，依托产业路由器（b2f）模式构建赋能型产业共同体，拥抱直播互联网新机遇，发力全域直播电商和新产品反向孵化，以新技术新能力助力实体经济提升产业效率、降低产业成本，为品牌企业和广大中小企业提供以结果为导向的深度赋能服务，成就中国最大的产业互联网赋能平台，在新时代创造出更加盛大壮丽的美好景色。

刘燕：盛景网联咨询培训集团联合创始人、首席执行官，国内知名上市公司清华紫光IT业务群组创始人，曾任清华紫光IT群组首席运营官，从零开始把公司带到30亿规模。盛景网联成立13年来，构建了中国最大的创新服务平台，凝聚了上万位渴望创新的企业家和创业者，盛景嘉成以120亿+股权投资母基金和直投基金链接中外最优秀的创新投资机构和新经济企业。

18. 投身社区建设的台湾青年

——记北京大学体育教研部教师、台湾籍青年陈文成

文/王贤根

题记：新冠肺炎肆虐期间，北京海淀这方热土上，涌现了许许多多动人心弦的人物和事件，他们像无数的繁星在夜空中闪烁，又似鲜美的花朵绽放在春天的原野上。有关方组织这次报告文学的书写，就是让我们作家欣赏和赞美最为灿烂的星座和最为娇艳的鲜花。人心向善，聚气为精，神情飞扬，蓬勃向上。社会就是在这样一批行为与精神上都成为标杆式的人物的带领与感召下，缓缓前行的。我所采写的中国台湾青年陈文成，就是其中之一。

这是一副富有旺盛生命力的年轻面庞，头上浓密的短发从两旁向中间拢起，仿佛有股骤然而起的冲击力，两眼炯炯有神，配在仁义厚道的面容上，显得有些前瞻性的穿透力。

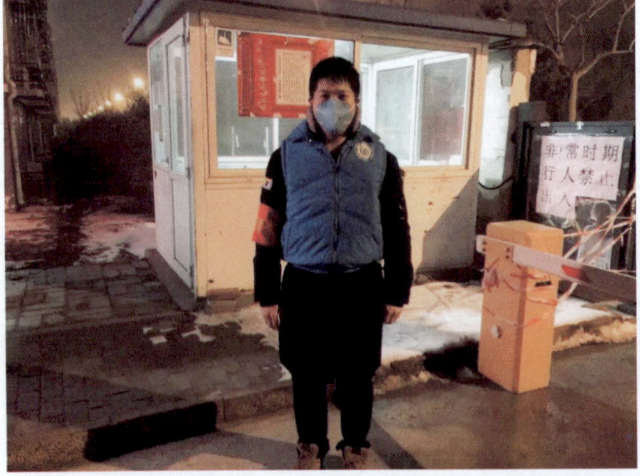

他的名字叫陈文成，今年32岁，来自中国台湾彰化。2011年6月，他跨越台湾海峡奔向大陆，投入北京体育大学怀抱，攻读硕士学位；三年后，攻读博士学位。2018年10月至今，他在北京大学哲学系博士后流动站工作。青春年华，意气奋发。在学业与工作之余，他积极组织并参与海峡两岸青年交流活动50余场，

服务台湾青年1 000多人次，有力地推动台湾青年对祖国大陆的认知，有效地深化了两岸青年的交流，也为在更广泛的平台上铺平了来往的通道，增进友谊，促进事业的发展。

如今的陈文成，是中华两岸交流促进会大陆事务委青年部长，中华全国台湾同胞联谊会特邀理事，台湾青年体育教育文化交流发展协会理事长，北京市海淀区青联委员，海淀台湾青年驿站负责人，台湾青年志愿者服务队发起人，同时，自己在海淀创办了北京文成鼎盛文化科技有限公司。

突然袭来的新冠肺炎，蔓延之快，出乎想象，由此打乱了人们正常的生活和工作，也打乱了陈文成的计划与安排。

在辞旧迎新的时刻

“爆竹声中一岁除，春风送暖入屠苏。千门万户曈曈日，总把新桃换旧符。”王安石的这首《元日》，从某个侧面描绘了我们这个古老民族在辞旧迎新时刻的习俗和呈现的喜庆景象。几千年的风俗像华夏民族的血脉那样，流传至今。

可在2020年的除夕、春节期间，我们中华大地上却弥漫着紧张而又忧郁的气氛。新冠病毒肺炎的快速传播，以及这种疾病所带来的严重危害，让人们处在茫然的焦虑与恐惧之中。好在国家采取了果断的措施，各地组织的医疗队，包括驻京三军组织的医疗队，在第一时间，即本该欢度佳节的时刻，告别父老乡亲，告别首长战友，紧急登上专机，增援疫情危重的武汉。

人们的生活节奏瞬时被搅乱了。陈文成的妻子怀孕，在这种境况中，夫妻双双更是无法回台湾彰化老家过年。这是陈文成来北京后第一次没能回到父母亲身边欢度新春佳节。

谁不爱自己的家乡？在这辞旧迎新的特殊时刻，陈文成自然想到身在彰化的亲人，还有那些曾经朝夕相处的亲朋好友。越是远离故土，这份情感越是浓烈，越是萦绕心头。

餐桌上是有北京风味的美食，虽然有滋有味，他们依然想起家乡彰化地方特色的佳肴。在这异于寻常的除夕夜，陈文成想得更多的是新冠病毒引起的疫情的蔓延，他与妻子商讨的大多是这个话题：身在北京，在这危难时刻，我们该为大家做点什么？

春寒料峭的夜晚

北京这座有着几千年历史的古城，在疫情突袭的时刻，人们的身心也是笼罩在一片阴云之中的。

陈文成所在的海淀，苍茫的西山拱卫，碧绿的湖水荡漾，三山五园的文化底蕴深厚，更有现当代最具优质的高校集聚，中关村的科技园区的创新走在全国前列。海淀的风貌，在新时期发生了翻天覆地的变化。陈文成从台湾来到北京，来到处在海淀的全国知名大学求学、求职，有种莫名的兴奋。他感到身处这样的环境、氛围之中，感到莫大的幸运与自豪。他的学业、工作取得骄人的成绩，在导师、同学、同事的心目中，陈文成是位勤勉学习，且具自信并卓有成效的优秀青年。

在这特殊的时刻、特殊的境况下，陈文成更深切地感到，眼下海淀的防控工作紧张，我必须投入其中，尽自己的一份义务。

近几年来，陈文成的言行，得到众人的允可与赞许，被大家推举为海淀区青联委员。在区青联组织的捐赠活动中，他积极主动。他所在的海淀区苏家坨镇同泽园西里社区，平时居民们和睦相处，一方有难，八方支援，他在这小区生活，也感受到这份温暖。如今，疫情严重，小区是防控的第一线。原本有点顾虑，妻子怀有身孕，但与她一商量，妻子立马支持陈文成报名参加社区志愿者，她说："只要做好个人防护，协助疫情防控，没问题，为小区居民做些力所能及的贡献，是好事。"

第二天，陈文成就怀着急切的心情到社区报名。他说："我是年轻人，体力和免疫力都好，希望将最困难的时间段给我，为大家服务是我应尽的义务。"

社区工作人员为陈文成的真诚与热情所感动。

初春的夜晚，北风呼啸着掠过北京的上空，人们身裹羽绒服，抵御凛冽寒风的侵袭。陈文成着深色长羽绒服，立在小区的出入口，淡黄的路灯光亮照射，洒落在他乌黑的充满朝气的头发上，两眼扫视着过往的每一行人和每一辆车，检查、监督成为他夜晚的一项神圣的职责。身后的传达室，明亮的灯光和透明玻璃上张贴的鲜红的告示，衬托出他在寒风中屹立的形象。

社区的工作人员告诉，陈文成大多是在晚上 8 点至 10 点在这小区出入口值班，排查人员与车辆，做好宣传提醒。他们夸奖陈文成在暴雪寒风的恶劣天气中，依旧坚守岗位，尽职尽责。除此之外，陈文成还协助制作居民出入证件，协助居家隔离的居民送快递及生活必需品。

陈文成的事迹在社区悄然传播开来，人们见到他也示感激之情，可他谦逊地表示，我在这小区生活五六年了，平时很少跟大家互动，这次有机会担任志愿者，与邻居们在一起，非常荣幸。

人们从陈文成的身上看到了某种精神。他们说，陈文成的行为，传递了台湾同胞的暖心情谊和战胜病疫的坚定决心，他是我们两岸同胞携手抗“疫”的缩影与榜样。

听到社区居民的赞扬声，陈文成有些腼腆，说：“我做得很不够，还要努力，为两岸交流增添正能量，也想把两岸切不断的情感佳音传递给更多的有胞。我相信，我们携手，一定能打赢新冠肺炎的阻击战，迎接美好春天的到来！”

激情澎湃后的思绪

2019年的国庆，庄严、雄伟的天安门上红旗招展，广阔的广场上，穿着节日盛装的各族人民，期待着中华人民共和国70周年的庆典。

在这欢庆喜悦的日子里，陈文成沉浸在亢奋的心绪之中。他是受邀成为庆祝新中国成立70周年活动的观礼嘉宾，届时登上天安门一侧的观礼台，可以清晰地观赏雄壮的阅兵式，又可感受整个天安门广场欢腾的恢宏景象。这是一份崇高的礼遇。可是，陈文成想与北京的大学师生一道欢庆这个隆重的节日，他选择参与北京的大学师生组成的游行方队，随阅兵式后庄重、热烈地走过天安门前，接受国家和人民的检阅。他的热切愿望，获得师生们的赞许，成为“凝心铸魂”方阵2232名师生中北京大学的一员。

10月1日，他早早地起床，穿上整洁的服装，与师生们一道乘车到达方阵编队预设地域。庄严的时刻到来时，他倾听到从天安门城楼上传送过来宏亮、庄重的话音，他和师生们一边聆听，一边作好通过天安门前的准备。阅兵式开始时，他在出发地域仿佛感应到三军将士铿锵有力的脚步声和那震撼人心的呼喊声。满载各式武器装备的车辆，整齐有序地驶过天安门，白鸽飞翔，五彩的喷气似长长的彩练，在蔚蓝色的天空上徐徐飘扬……

陈文成是有生以来第一次感受这种规模宏大的热烈场景。尤其是当自己身在其中的游行队伍经过天安门前时，二千余师生整齐、嘹亮的“团结起来，振兴中华”的声音响彻云霄时，热血顿时沸腾，心潮澎湃，热泪不由自主地滚落下来。

队伍徐徐通过天安门广场，但他和广大师生的心绪仍是久久难以平静。他深有体会地说：“作为一名台湾青年，能参与到这样一个生机勃发的群体，参与这样深有意义的集体活动，并与大陆青年一起在事业上打拼，是我人生的幸运。我衷心希望有更多的台湾青年加入这个群体中来，亲眼见证祖国的发展进步，共同为祖国的繁荣昌盛携手奋进。”

庆典结束，陈文成获北京大学国庆 70 周年重大活动特殊贡献奖、中华人民共和国成立 70 周年纪念勋章。

路漫漫中的求索

陈文成在新冠肺炎的防控阻击战中的突出表现，是有他深厚的感情基础和坚定信念的。早在 2008 年北京奥运会期间，他就是一名优秀的大学生志愿者。

陈文成是在台湾读的大学本科，其间他积极参与本地区相关的各项志愿活动。奥运会在北京隆重举行，他身在台湾，看到举国上下对奥运的热情和祖国的快速发展，就与身边的同学约定，一定要到北京观赏一次奥运会。作为一名从事体育研究的专业人士，陈文成对奥运有着独特的观念：“奥林匹克精神是全人类对体育事业的共同期望与追求，更是千千万万体育人用汗水与鲜血凝聚的宝贵精神。对体育人来说，奥运有着强大的魅力和吸引力，就像是精神信仰一样。”

得知北京成功申办 2022 年冬奥会和冬残奥会的消息，陈文成的心情异常激动，毫不犹豫地向亲朋好友表示：“我一定要参与其中，这是非常有意义的事。”

美好愿望和理想信念，在脚踏实地的进展中，一步步地接近陈文成的现实。他报考北京的大学攻读硕士、博士就是一项明知的选择。人生之路漫漫，在关键的节点上，准确的抉择是上下求索中一条闪烁着光明的通道。

陈文成是一位善于思考、敢于奉献的年轻人。他已成功地报名作为冬奥会和冬残奥会赛事的志愿者。他说：“能把生命中最重要的两件事——志愿奉献和奥运精神——紧紧地融合在一起，让我的心情格外激动。奥运是全体中国人的共同梦想，希望越来越多的台湾青年参与到志愿服务的队伍中来，在大型的国际赛事中感受祖国的力量。”

奥运也是国运。将经久不衰、有着蓬勃生机的奥运精神与我国宏伟的奋斗目标紧密融合，顺势而为，推动国际性赛事成功举办，有效地提高国民对体育的正确认识和参与度，同时又可提高人民的整体素质，这是建设现代化强国的精神基础和保障。

陈文成想动员更多的台湾青年报名。他真诚地希望志愿者的服务精神成为两岸青年交流的纽带，让两岸青年相聚冬奥会，见证奥运精神更广泛更深入地传播，同时也见证祖国的日趋强盛和无限美好。

在这片热土上

春风送暖。黛色的燕山山脉在一场场春雨中云雾缭绕，春的浓重气息弥漫在永定河旁。街旁的槐树、银杏、杨柳，翠绿的枝叶上闪动着雨后朝阳的光辉，人们匆匆地行走在街道上，依然是戴着口罩，袋揣随时可用以消毒的酒精湿巾。在极短的时间里，北京居民核酸检测一千多万人次，这等大规模有序有效的政府作为，让百姓进一步感受中国政府面对疫情的果断与大气，人们也更深切更细微地感到重大灾难来临时，值得信赖和依靠的是什么。

生活在这样一片热土上，陈文成除积极参与社区防控志愿者的活动外，仍然力所能及地做一些有益于社区有益于人们的公益事业。他还抱有远大理想，于 2019 年 3 月开始创业，注册了北京文成鼎盛文化科技有限公司，作为第一家台湾青年创办的企业入驻北京市高校大学生创业园（理工园），主营业务是两岸研学、体育赛事及公益活动。

这是一棵茁壮成长的幼苗。政府有关部门给予相应地支持和帮助。在而立之年能拥有自己的企业，陈文成倍感珍惜。他想将自己在大陆所学、所知、所想的一些成果，分享给台湾青年，带动更多有理想有抱负的台湾青年。

春雨适时。北京高校大学生创业园彰显一派茂密生长、蓬勃向上的可喜景象。陈文成在这园区里呼吸的是清晰的空气，感受的是相互依托、共荣共赢的良好氛围。

陈文成的事迹，多次得到中央电视台、《人民日报》《人民政协报》《北京日报》《中国日报》英文版、两岸关系杂志等主流媒体的关注和报导，也受到共青团中央的重视和宣传。他成为北京文明办推出的北京榜样人物，成为北京市统战部和北京广播电台共同推出的首都统一战线“聚力同心抗疫情”的十位典型人物之一。

荣誉与声望接踵而来。但陈文成想的依然是学业与事业。他感谢家人的支持和鼓励，感谢祖国大陆提供的学习机会和发展舞台，他全身心地扑上去，渴望为两岸的公益事业做出更多更大的贡献。

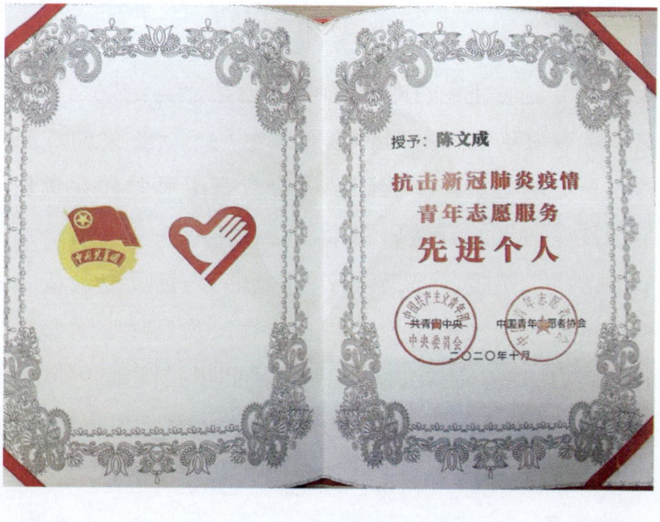

后 记

2020年初，正当人们沉浸在传统佳节期盼中，一场前所未有的疫情突袭而来，所有人都经历了巨大的心理挑战。对中国人来说，我们渡过了人生中可能最无法忘记的春节，我们目睹了武汉悲壮的封城，我们看到白衣战士从除夕开始向武汉——吹响了可歌可泣的集结号……

习近平总书记亲自指挥、亲自部署，在全国打响了一场疫情防控的人民战争、总体战、阻击战。海淀区委区政府全面压实各方责任，合力筑牢“外防输入、内防反弹”的铜墙铁壁。在这场战疫中，海淀区广大统一战线成员也纷纷响应市委、区委号召，充分发挥自身优势、主动承担社会责任，踊跃参与疫情防控与复工复产各项工作，为打赢疫情防控攻坚战做出了积极贡献。

习近平总书记曾指出：“精神是一个民族赖以长久生存的灵魂，唯有精神上达到一定的高度，这个民族才能在历史的洪流中屹立不倒、奋勇向前。”回顾抗疫战斗的日日夜夜，我们在这场战争中充分展现了中国精神、中国力量、中国担当，也更深层次领悟一个古老的民族何以会复兴于新时代的精神密码。

为了全面记录下抗疫期间的感人事迹，见证海淀区统一战线成员所做的贡献，向社会传播正能量，海淀区新的社会阶层人士联谊会作家分会以著名作家石钟山会长领衔，组织了12位中国作协会员等强大的创作阵容，对在抗击疫情工作中表现突出的海淀统一战线代表人士进行了深度采访，力求把先进人物最真实的故事、最感人的章节、最朴实的内心世界呈现给读者。

应该说这次任务对作家而言也是一次心灵的洗涤，他们在采访中充分体会到了万众一心的力量，体会到了统一战线成员的社会责任与担当。在采访中，作家们常常会被受访者的真情所感染，在这场战斗中他们是挺身而出的凡人，他们虽然没上前线，没上热搜，但仍以最大的热情为抗疫取得最终胜利默默地奉献。正是他们这份朴实的家国情怀凝聚起同心同德、共克时艰的伟大力量，才是对抗疫取得最终胜利的有力支持。因此，他们是伟大的平民英雄，他们同样是最可爱的人……

谨此，向所有参与本书的各界人士及单位致以崇高的敬意！